夏目漱石著
坂番付
夏は谷中生姜
其の四十六
其の四十七
其の四十三
其の四十九
其の四十四
其の五十
其の四十五
其の四十

谷根千の編集後記

江戸の面影を残す寺町■谷中
かつては遊郭も栄えた職人の町■根津
鷗外、漱石ゆかりの■千駄木山
芸術家の卵を育てた■上野桜木
日の暮るるのも忘れる風雅の里■日暮里
帝大生の青春の町■弥生

私たちの町には東京には珍しい自然—樹々や鳥と風と、震災・戦災に耐えた建築物、史跡、そして形にはならない暮らしぶり、手の芸、人情がまだたっぷり残っております。

それを調査記録、紹介し、良い環境を大切に次代に手渡す手だてとして「谷中・根津・千駄木」を発刊いたしました。

懐古趣味ではなく、古き良いものを生かしながら、暮らすのが楽しい、生きのいい町として発展するのに少しでもお役に立てたらと思っています。まだ若く非力な私たちに町の皆々様のお力をお貸し下さいませ。（創刊号　口上）

目次

表紙イラスト=osatto
4コマ漫画=つるみ　よしこ

「谷根千て有閑マダムが作ってるんじゃない？」という嬉しい誤解がございますが、私たち平均二十九歳、◯ビの乳幼児持ち。全員借家住まい。

創刊号から20号
1984年9月〜89年7月

【其の二】　一九八四年九月十五日

「菊まつり特集号」

地域雑誌「谷中・根津・千駄木」

谷中墓地にリスがいるの知ってる？　昔、根津に遊廓があったの知ってる？　言問通りの田辺文魁堂の筆はピカソやミロが使ったんだって。朝倉彫塑館の池には、いまだに清水がこんこんと湧いてるよ。そんな話題が満載。

「谷根千」は池之端、上野桜木、向丘、日暮里など周辺部も含め、この町に住む方々、いいお店、史跡、古い町並、年中行事などをテッテイ的に取材、ご紹介します。取材に行くから待っててね。（仰木ひろみ）

「谷中スケッチブック」

私は動坂で生れ、小さい頃から、この静かで温かい谷中の街が大好きで、ずっと歩き回ってきました。でもこのところ、古い民家も次々と姿を消し、一夜にしてコンクリの駐車場になって、私は胸がドキン、キューンと高鳴るのです。

そこで今のうちでなければ、の思いと二人の子を抱いて谷中を取材しました。住んでいる者でなければわからない、谷中の四季の風と匂いと音と人情をたっぷり書き込んだガイドです。（森まゆみ）

「谷中・根津・千駄木の生活を記録する会」

谷中・根津・千駄木は震災にも戦災にも耐えて残った町で、古くからのお寺、石仏、町並、暮らしぶり、人情がたくさんたくさん残っています。

それらをフィールド・ワーク（古老に聞いたり、町を歩いたり、地図を作ったり、事物を収集したり）で総合的に調査記録していきたいと思います。勉強しながらの楽しい作業ですよ。心も身も軽い若い方大歓迎。

当面は月一回の勉強会や調査をして、雑誌「谷中・根津・千駄木」で発表していきます。（山﨑範子）

【其の二】 一九八四年十二月十五日

寒い日はお風呂に行きませう

「谷根千湯屋めぐり」

◆寒さが身に染むこの頃です。お元気ですか。谷根千二号をお届けできて幸せです。一号はお陰様で千五百部全部在庫がなくなりました。

◆私たちは、一つまた一つと古い木造の民家があと形もなく町から消えていく、その胸の痛みをバネにこの雑誌をはじめました。せめて消え去る前に記録したいと思いました。ですが町を歩き、取材する中で、一つの建物が消えても、町を大切にする心が残るなら、それでいいと思いはじめています。懐旧の情におぼれることなく、街の未来を見て雑誌その他の活動をしていきたいと思います。

◆スタッフの誰かが「一度でいいからのんびりお風呂に入りたい」といったので銭湯特集になりました。毎日子供の体を洗うので精一杯なのです。子供が寝たあとをダンナ様に頼んで一人で銭湯取材。ささやかな楽しみですがやみつきになりそう。

◆小瀬健資さんの「根津とレンズ」は地元の方ならではのユニーク、オリジナルな研究でご紹介できて光栄です。引き続きレンズ工場に関する資料提供、また他のテーマを研究中の方、ご連絡をお待ちします。

◆過日、日暮里の生き字引・平塚春造さんを小瀬さんと共にお訪ねしました。八十ン歳と七十ン歳のお二人の目はキラキラ、情熱と記憶力には圧倒されるばかり。〝古老〟と申し上げるのは失礼で、実に〝青年〟のお二人なのでありました。

◆其の一、菊まつり特集号を読んでお便り下さった方、ありがとうございました。叱咤、激励のお手紙は嬉しい限りです。ご意見お待ち致しております。
◆きんもくせいの香りの中で取材をはじめて、七五三の晴着姿を横目に原稿を書き納めです。次号は三月十五日発売予定。特集は「谷中の花見」です。乞ご期待！（森まゆみ）

【其の三】　一九八五年三月十五日
この道ずいぶん曲がってるね
「藍染川すとりーと・らいふ」

◆こんな寒い夜は近づく春が信じられなくて、ドテラにくるまって後記を書いています。お元気ですか。どうにか谷根千三号ができ上がりました。
◆二号発刊以来、新聞・TVの報道のお陰もあって、暮も正月もなく過ごしました。今までお金の勘定もしたことがなくて、どうも50円合わないヨ、十冊行方不明ダなんて騒ぎながら、配達、集金に歩きました。なんと半月で、三千部がきれいに手もとから消えました。
◆買って下さった皆様、お便りを下さった皆様、本当にありがとうございました。そして地域外の方からもたくさんお便りを頂きました。昔、根津や谷中に住んでいた方にとって、この町がいかに心の故郷《ふるさと》となっているか、それだけの値《あたい》のある町だとしみじみ思い知らされました。記憶の地図を書いて下さった方。そうした街の住人・旧住人の心の架橋に、谷根千がなれたらと念じております。
◆特集は予定変更でごめんなさい。考えてみたら「花見」の写真がなかったのです。今年、バッチリ取材して、来年充実してお届けします。替わりまして、「藍染川」。こちらも一回切りでなく、川のようにホソボソと続け、人の暮らしと川の接点をさぐってゆきます。そのうち流域の台東、文京、北、荒川、豊島の方々と「藍染川サミット」がやりたいものです。
◆スタッフの仰木ひろみが、コピーによる「大きな字の谷根千」、テープによる「声の谷根千」を作りました。普通の判ではご不自由な方、活用して頂ければ幸いです。
◆四月初旬、谷中墓地で「谷根千・大花見大会（カラオケ付?·）」を計画中。飛入り歓迎。別に料理研究家古川恭子さんの指導でケーキを作り、それを食べながら子育てを語り合う会もやります。子連れもちろん大歓迎。
◆次号は「昔気質《かたぎ》のお菓子屋さん」で谷根千の甘ーい生活を楽しんでくださいませ。（森）

【其の四】　一九八五年六月十五日
谷根千の甘ーい生活
「昔気質の和菓子屋さん」

◆谷中の桜並木は緑を濃くし、坂を自転車で駆け上がると汗、駆け降りると風。皆様お変わりないですか。三号雑誌で終わらずにすんでホッとしています。
◆過日、谷中三崎町会の廃品回収を手伝うと雑誌だけでトラック一杯。読みすての商品が多く、有限な資源の先ゆきが思われます。紙のムダみたいな雑誌にならぬよう気をつけます。幸い廃品の山に谷根千は一冊もなくて本当にうれしかったです。
◆今日もまた、古い木造家屋が壊れていく。そしてビルに。憂うつです。とはいえこの所、古い家の再利用を考えている方、大切に住みこなしている方、土地は決して売らない方とも出合え、「望みなきにしもあらず」と元気がでました。アメリカ人留学生のサンドさんも、古い家が見つかり只今改造中。古い家が町から消えそうな情報がありましたらおっとりカメラで駆けつけます。ご一報を。
◆先日、谷中銀座にみえた鈴木都知事に偶然お会いでき、谷根千を「マイタウン構想にあった企画だ」とおほめ頂きました。が私の心は複雑。コンクリと鉄でできた町にはしたくないですものね。「マイタウン」という横文字がピンとこない。「わがまち」「下町」「ふるさと」「いこい」みんな手垢にまみれた感じ。なんかいい言葉、ないでしょうか。私は今のところ「町場」「界隈」「市井」なんてのが好き。

◆この町にないものって何だろう、と考えると、あった。高速道路と歩道橋。車より人間のペースを優先させている町なのです。だから谷根千もゆっくりまいります。月刊化を望む読者の声に感動しつつ、谷根千は忘れたころに発売です。次号は九月上旬、鷗外特集を予定。（森）

【其の五】　一九八五年九月十五日

森のおじさんと散歩しよ！

「鷗外の愛した街・谷根千」

◆お諏方様の祭りがすむとめっきり秋の風。いよいよ根津神社大祭、谷中菊まつりと当分子供たちはワクワクの季節です。皆様、お元気にお暮らしのことと思います。

◆この間をふり返ると、四号に載せたローソク工場跡地ではひとしきりカエルの合唱、そのあと蟬。そして工事が始まると生物は消え、毎日ビル建設の工事音で暑さはいや増した夏でした。谷中の金子雅彦さんより、編集部へ、「谷根千は地域再開発、ビル化をどう考えるのか」というお便りを頂戴しました。いつも考えていることながら、明確な結論は出ていませんが、「街の運命は行政や企業が決めるのではなく、街の住民が決める」ものだと思います。次の号からは、再開発について討論したいと思います。

◆八月九日の円朝寄席は大成功。蟬の声を聞きながらの寄席もよかったし、お化けの絵にはゾーッ。しばし夏の清涼を味わいました。来て下さった方、ありがとう。

◆「谷根千て有閑マダムが作ってるんじゃない?」という嬉しい誤解がございますが、私たち平均二十九歳、◯ビの乳幼児持ち。全員借家住まい。好きが高じてやっておりますが、経費節減のためテープもくり返し使い、写真を撮るのも一件一〜二枚だけ。マスコミの取材を受けるとバシャバシャ写真を撮って下さるので、ワァ勿体ない、と叫んでしまいます。

◆藍染川下流地域に関する研究を寄せられた藤原惠洋氏は谷中某寺の奥に間借りしています。奥さんの馨《かおり》さんが旅人《たびひと》君(1歳)を連れて、いつもわが編集部の強力助っ人です。

◆毎日新聞くりくり記者松沼聡君に感激。高校生の松沼君は、谷中墓地辺の記事を書き、身銭を切って二冊谷根千を買って読者にプレゼントなさったのです。普通なら「PRしてあげるからプレゼント用に十冊送れ」というところ、二冊というのが誠に良い。しかもその後、松沼君の依頼で谷根千を送ったら、折り返し、郵送料込みの誌代とお礼の手紙まで下さったのです。以来、私共は「近ごろの高校生」に対する認識を大いに改め、彼を秘かに「名誉編集部員」と呼んでいます。

◆鷗外特集には七転八倒。消化しきれぬ部分は次回まわし。頁が伸びて、「谷中墓地と自由民権」「一日入門」は休載。円朝特集は来年夏号になります。次号は十二月十五日頃。酒屋さん特集と谷中五重塔のことなど、張切ってみます。(森)

【其の六】 一九八五年十二月十五日
そろそろ熱燗のうまい頃
「酒屋六十軒全調査」

◆菊まつり一日目の雨でひいた風邪がまだ抜けず冬に突入。柳屋さんの鯛焼がカイロ替りの季節がまたやって来ました。皆様お元気ですか。谷根千も元気です。

◆酒屋さん特集はあまりに数が多く混乱。どこのお店でも「伊勢五」「吉田屋」「相模屋」さんの名が出るので、この三店に的をしぼりました。今回、吉田屋の番頭、松田武さんのお父様の遺した六十年前の配達メモが一番の感激でした。几帳面で誠実な働く姿が目に見えるようです。

◆高橋くらさんは「ひっそり暮らしてるし決まりが悪い」とおっしゃるのに無理にご登場願いました。昔の写真でも美人ですが、今の方がますますおきれいです。あと半世紀たつとこんなに素敵になれるかしら、と思うと不安もあり、励まされる思いがいたします。

◆「谷根千・味のグランプリ」はいったん休載。一軒ご紹介したいお店がありましたが「うちは狭いし、お客様にご迷惑かけるから」と断られました。でもその心のこもった味は、ムムム、誰かに教えたい（熱心な読者にヒント。このお店は今号から谷根千を置いてくれてます。とても店名がユニーク）。

◆鷗外特集を読んだ東大生が、西教寺、願行寺からS字坂への通りを「鷗外の径（こみち）」と名付け、友人に広めて下さっているとか。私は西日暮里駅前から田端高台へのジョギングコースを「朝やけの崖」と名付けました。いい名前付けたら教えてね。

◆小野梓を調べに久しぶりに早稲田大学に行き、懐しのレストラン高田牧舎で食事。変わらぬランチの味に一昔前を思い出す。紫煙に霞む喫茶店、スタンダールみたいなアジ演説、とっくりセーターの似あう人、やたらと上映されていた浦山桐郎映画……。この創業八十年のレストランも近く建て替え、早稲田茶房は既にない。都内のあちこちで懐しい建物が消えていきます。

◆と懐旧の情に耽り、わが身の無力を嘆いていても仕方がない。足かけ三年目を迎える来年はできるだけ地域の歴史的・自然的環境保護をすすめたいと思っています。そのきっかけとして、「谷根千生活を記録する会」納めの例会を開き、この町で今何が起こっているのか、どんな可能性があるのか話し合いたいと思います。

誰でも気軽にご参加下さい。ユートピアではなく、ホープ（希望）を語りあいましょう。二十一世紀に私たちが後悔しないためにも。（森）

【其の七】 一九八六年三月十五日

春は谷中の花見かな

「谷中墓地散策」

◆二月八日と十八日、ついに雪が降り、谷中のお寺も根津権現もきれいでしたよー。でも私たち東京人は雪に憧れるけどいざ降ると弱い。車も坂で立ち往生、私も子供二人とずるずる歩いてますと、どこからかトーフ屋さんのラッパ。ワ、こんな寒くても引き売りしてるんだあ、と気持ちが温たまりました。

◆皆さまお元気ですか。三ヶ月間いろんなことがありました。三十二頁に戻ったけど、これじゃとても足りなくて。でも精いっぱいお伝えしたつもりです。

◆四号でいっぱいもらったローソク、どうしたのというご質問が多いのですが、来る人ごとにあげてたら、ほとんどなくなりました。とはいえ、味気ないユニットバスの換気扇を止め、ローソクつけて静かなお風呂に入って炎のゆらめきを水に映したり、夏は花火の火種に、それから溶かしてクッキーの型で抜いて「星のローソク」を作ったり、ミカンの汁であぶり出しをしたり、と遊びました。

◆「谷中墓地と自由民権」。勉強しながら最終回まで来ました。墓地へ行っても「我に拝跪せよ」といわんばかりの大きな墓より、民衆のために生きた人の小さな墓がいい。田母野秀顕の碑文は「政友星亭」が書き、田母野を裁いた大審院長玉乃世履の巨大な碑は「司法大臣陸軍中将従二位勲一等伯爵山田顕義」が書いてるんです。生き方の差ってお墓に出るのね。

◆二月十三日のＮＨＫ「関東甲信越小さな旅」で谷中が「江戸の時を刻む町」のタイトルで紹介されました。私たちも「地域の環境を守る」目的が「マスコミを引き入れる」結果になりはしないか悩みましたが、映像で街が記録されるのも大事なことですし、より良い番組ができるのならと協力しました。やらせは一切なくとても爽やかなスタッフでした。「街も人を選ぶ」でしょうから、放映後もあまり谷中を騒がすような人は来ないものと信じます。

◆一〜五号のバックナンバーがなくなり、絶版にしようと思いましたが、そうするとコピーをとりにみえる方が多いので、最後の増刷をしました。狭い部屋に運び込まれる雑誌の山を見て、あーまた在庫を背負った、と嘆息。またこの山がくずれていくのをみるのは複雑な思いです。

◆千駄木の不良主婦、山﨑範子は映画狂で子供が寝しずまる土曜の夜はオールナイトへ。「来週は私も」と張り切ると「三十すぎたら体にこたえるよ」ですすと。編集で徹夜しても私が真っ先にダウンするのです。今回は巨大ねずみ旅人（タビゴン）君をかかえた二十六歳の新鋭、藤原馨が頑張ってくれました。

◆次回はいつ出そうかな。皆様待望の団子坂特集です。知っていること教えてね。（森）

【其の八】　一九八六年六月二十日

ダンゴザカ、別名汐見坂、七面坂

登り凡そ一町、幅二間半…

「団子坂物語」

◆谷根千にとって三度目の夏。私はやっぱり冬より夏の方が好き。お祭りもたくさんあるし。すだれと氷とうちわです。

◆牧歌的な毎日です。取材に伺うと「急に来て昔の話をしろってもネ。お茶飲んで世間話をしてるうちに、そんな話も出るだろうよ」のペースにあわせ、私たちものんびり。根津神社や谷中墓地で昼寝、東大明治文庫などで資料調べのあとは、新緑の森を抜け、弥生美術館で夢二でも見て、ドリームでコーヒー。こんな生活をしてますと、たまに地下鉄乗って都心に近づくと肩がこってまいります。

◆読売新聞にわが山﨑範子が登場しまして、記者さんに「ようやく赤字でなくなりました」といったら、記事では「お陰様で黒字です」になっちゃいました。早速「もうかってるんですってねェ」と町の何人かの方にいわれこれはヤバイ。

最初はアルバイトしてお小遣いをつぎ込んでは作っていた谷根千ですが、このところ売れゆき好調で、やっと写植、印刷、フィルム、テープ、コピー、資料代などが出るようになりました。でもスタッフの長時間労働に報いるような報酬はとうてい出ません。ま、季刊三十二頁の小冊子で四人も食えるはずないのだ。

◆谷中のあるお店に、広告や本を置いて頂くお願いをしましたら、「うちは近所の人は来ないし、雑誌の取材もいっぱい来てタダでPRしてくれるから」と断られました。断られるのはよくあるけれど、「うちは水物を扱って雑誌をぬらすといけないから」「人手がなくてごめんなさいね」という断られ方なら気分がいい。

いまのマスコミの谷中ブームは、たしかに、町を活性化している。自分の町を見直した、誇りをもった、散歩が楽しくなったという声から、お客さんが増えて、息子が跡をつぐ気になったという商家や職人さんちもあります。しかしブームは一過性。ブームの去ったあと、ますます地元に愛され、繁昌するいい店が多いことを祈ります。私たちも初心に帰り、町の声を大事にしながら、記事の質を落とさぬようにがんばりたいと思っています。

◆「谷根千てけっこうまちがってるネ」というお声を頂戴。私ども人妻のことゆえ、あやまちはくれぐれも起さぬように調べてはおりますが、戦後生れの未熟者ゆえ、実際「どこがどうまちがっているのか」具体的に教えて下さると助かります。先日も、「千駄木林町なんてない、駒込林町だ。若いのが勝手に嘘かかれちゃ困る」と叱られましたが、明治時代には、駒込千駄木林町というのが正式名称だったんですよね。

◆銀座セントラル美術館で「ザ・光太郎・智恵子」を見てきました。「人生の崇高なるもの」を信じて格闘した二人の愛が自筆の原稿に窺えて、スタッフの心は静かに燃えてくるのです。秋には、「光太郎・智恵子」の特集をお送りします。

【其の九】 一九八六年九月二十日

「光太郎智恵子はたぐひなき夢をきづきて むかし此処に住みにき」

◆夏は窓から盆踊りの太鼓が聞こえるたび、夕食もそぞろに飛び出し、〝お祭りジプシー〟と冷やかされました。秋は権現さま、天祖さま。浮き浮きしてきます。

◆「いろんな方の話が聞けて楽しいでしょう」とよくいわれますが、私たち、人見知りで、やっとのことでお約束の電話をかけ、二人で伺うと、どちらがブザーを押すか譲り合い、こんなことお聞きしていいのかと冷汗を流し、発売日の頃は記事にして良かったのかしらとドキドキ。お話を聞かせて下さった人に事前に記事を見せる場合もありますが、正直いって、一番ホンネに近いおもしろい部分が削られてしまうものです。

今日は「いい話聞けた」と喜んで帰ったとたん、「やっぱり差支えがあるからあの話はなかったことに」との電話にガックリ。地域誌の難しさは、登場人物をよくご存知の読者が多いことで、情報が拡散してウヤムヤになってくれないことです。私達としてはお話をして下さった方のプライバシーやお立場には充分配慮をしているつもりですが、思わぬミスもあり薄氷を踏む思い。しかし歴史の真実を記録したいという意欲はお汲みとり下さい。

◆光太郎・智恵子特集はいままでで一番苦しみました。大衆化された「至純の愛」といった視点にはとらわれなかったものの、勉強と調査がすすむにつれ、万華鏡のように私達の視点も動揺しました。同時に、地域の方に光太郎や智恵子のことを紹介し、さらに地域誌ならではの独自性も生かしたい、と欲ばったのですが、たかだか十二頁で、この矛盾多き巨人の総体には迫り切れませんでした。鷗外・円朝に次いで、また宿題が増えました。

◆事務所が仰木宅から独立して、昼の外食が多くなりました。ところが根津付近では一時半をすぎるともう「準備中」。それと化学調味料の味が気になります。化調を使わない自然味のお店があれば紹介します。自薦、他薦どちらでもどうぞ。

◆古い建造物、古文書、昔話などばかり追ってますと、つくづく人間の命の短さを実感します。つまらぬことで争ったり、落ち込んだりせず、本当に大事なことだけに精一杯力を傾けたいと思います。谷根千をはじめて、ますます子供が大切になり、夫婦げんかは少なくなりました。（森）

【其の十】　一九八六年十二月二十日
酒屋へ三里　豆腐屋へ二里
「おいしい豆腐の買える町」

◆ブラームスのバイオリン・コンチェルトを背に、新しいわが子の寝顔を横目に、後記を書くなんて幸せな気分です。
◆身重中は温い励ましを頂きました。「忙しそうにみえるけど、案外やることはやってんだな」と笑顔の銀座メガネのおじさん。「もう自転車乗んないでよ、こっちがハラハラするから」と桜やのおばさん。「私は七人産んだけど、ギリギリまで動いてた方がお産が軽いよ」と根津の谷のおねえさん……みなさんやさしい声をかけて下さいましてありがと。十月十六日、無事に次男・宙（ひろし）が生れました。そのお宮参りの前に、敬愛する平塚春造さんが、荒川区伝統工芸の田中作典氏の犬張子を下さいました。これもすばらしいものです。
◆これで創刊以来、三人のスタッフが一人ずつ出産し、「谷根千は雑誌と子供と同時生産なの」とあきれられております。そのため行き届かぬ点も多々ございますが、ごかんべん願います。子供たちこそ私たちの活動の原点なのですから。
◆私一人が貧乏性でなにかと焦っておりますが、あとの二人はのんびりしたもので、「いいんじゃない。編集人出産のため一号抜けても」と仰木ひろみ。配達が遅れて、「あんたたち、一体仕事なの、趣味なの」と叱られて、ついつい「趣味です」と答えてしまった山﨑範子。この二人の楽天的確信犯に支えられて、私ものんびりやることにしました。私たちが楽しくなくなったら、きっと谷根千も楽しくなくなってしまうと思うのです。
◆その点、ここ何号か「気負ってカタい」「苦労ばかり見えて楽しさが伝わってこない」といった評も一部いただきましたので、初心に帰り、リラックスして作りました。今号は山﨑・仰木の活躍部分が多く、彼女たちの素朴でいい面がどっさり出たと思います。また千駄木生れの木村民子さんはプロのフリーライターですが、今回産後の窮状をみかねて手伝って下さいました。

◆事務所には電話や来客が絶えません。谷根千工房って家具を作ってるんですか――谷中のお寺はいくつありますか（中学生の宿題）――オルガニストのスタッフの方にオルガンを教わりたい――障害者が車椅子で散歩できるコースを教えて下さい。こんな地域の方や読者のお問い合せにはできるだけ答えております。

ＮＨＫですが何かおもしろい話は――恋愛マンガの背景に谷中を使いたいのですがどこが絵になりますか――谷根千に載ってない珍しい話は――クイズ番組ですが和菓子をネタにした問題はないですかね。こうしたマスコミのお問い合せにはご自分でお調べ下さるようお願いしております。命短し、恋する暇もほしい。

◆谷中墓地をブラブラしていたら、銀杏の下に見つけた辞世。この余裕がニクい。「まけておけ五十七でも年の暮」（森）

【其の十二】　一九八七年三月二十日

ほんのり浮かぶ明治・大正・昭和

「私の原風景」

内にコスモスを持つ者は
　世界の何処の辺遠に居ても
　　常に一地方的の存在から脱する
内にコスモスを持たない者は
　どんな文化の中心に居ても
　　常に一地方的の存在として存在する

高村光太郎「コスモスの所持者宮沢賢治」

「地域雑誌　谷中・根津・千駄木」は一九八四年十月、町人じしんによる郷土史の発掘、くらしの記録とイキのいい町づくりのために創刊されました。

この間、町には種々の祭りや文化事業が町人の手で作り出され、土地への誇りも広く育ってきました。しかし同時に、いわゆる民活や東京改造の動きのなかで、資本による底地買い、環境・コミュニティの破壊も進んでいます。

そのような今、私たちは町の文化を守りながら、復古主義ではないやりかたで、ハイテク巨大都市東京が投げ捨てたもう一つの価値をめざして、東京の地方出版を続けます。

風と樹と匂いのあるまち／カエルやトンボに会えるまち／富士山が見えるまち／路地でケンカができるまち／子供が迷子になれるまち／お金がなくても住めるまち／時間がゆっくりすぎるまち

――そんなまちに私たちはしたい――

（十一号〜二十号　口上）

◆いよいよ谷根千にも春が近づいています。十一号はお寺の特集と予告しましたが、予定を変更して、今までに頂いたお手紙を中心に編集しました。一号〜十号までの総目次をつけ、これまでの補遺ともなるよう工夫しました。お寺特集は十二号になります。ごめんなさい。

◆お便りをたくさんいただくという点では編集者冥利に尽きる雑誌です。毎日、事務所のポストにスタッフは先を争って走り、封を切る手ももどかしく……。

しかしいつかご紹介しようと思いつつ機会がありませんでした。今号を出せて、私たちの気持ちも少しスッキリです。

◆それにつけても、幼いころの風景とは人の一生にどれほど大きな影響を与えるものでしょうか。

先日、日暮里南泉寺の釈大英住職に「どうして三遊亭円朝は作中にあんなに詳細に南泉寺のことを書き込めるのでしょう」とおうかがいしたら、「それはやはり、円朝さんが十六～七までの一番感受性の鋭い時期をこの寺で過ごしてるからでしょう。本を読んでも子供のころの一冊はよく覚えてるではありませんか」とのお答えに、なるほどと納得したことでした。
◆できるならば特集〝私の原風景〟のナマのお手紙から立ち上る熱気を読者の皆様にお目にかけたいくらいです。文章はわかりにくい点以外、原文のままとし、より楽しくするために、注をつけました。
◆今回ご紹介できなかった方々のお手紙も大切にファイルにしまってあります。私ども子育ての方も忙しく、なかにはお便り落手のお礼状も差し上げていない方もあり、この場を借りておわびとお礼を申し上げます。
◆幼ないころに見馴れた風景のある町は心落ちつく町です。何百年と町の移り変わりを見守ってきてくれた椎の木や銀杏。木の電柱や門灯や土の路地一つ一つに、子供時代の思い出がよみがえるからでしょう。
◆だから、なおのこと東京大改造のような、町の記憶をとどめず、根こそぎ個性のないビル群に変えてしまう街づくりに私は不安と怒りを感じるのです。と同時に、子供たちにすてきな風景を残してやりたいとも思います。子供といっしょに墓地で落ち葉拾いに熱中したり、夕暮れの跨線橋からスカイライナーを眺めたり、よみせ通りの裸電球の下で買物したりする時、あ、この風景は確実にこの子の心に残るだろうな、と思える一瞬があります。そんな心に残る町を私たちの子供、そして五十年後、百年後の子供に残してやりたいと思うのです。
◆じつをいうと、十一号の編集後記が書けるとは

思いませんでした。谷根千の第二世紀もまた、ご支援くださいませ。（森）

【其の十二】　一九八七年六月十五日
不忍通りが大変だァー
「谷根千・底地買い・『再開発』読本」

◆また大好きな夏が巡ってきます。しかし今年の夏はあちこちにビル化の工事音が響く嫌な夏になりそう。

◆今号は当初、お寺か路地と井戸の特集の予定でしたが、急きょ不忍通りの『再開発』特集としました。三年前から「谷根千・底地買い読本」を作りたいと思って果たせず、今回、「もう遅い、ほぼ買い占めは終わっているよ」との町の声にがっくりしながら、それでも今から私たちにできること、町の方々に知らせた方が良いことはないか、と思ったのです。

◆しかし、これは利害のからむ問題で、とりくむのには勇気がいりました。結果として、話は聞いたけど、載せられないことも多かったのです。が、良い町の環境を作り、文化財や史跡を守るためにも、一度は手がけねばならない特集でした。

◆私たちはビル化即悪とは思いません。老朽家屋を建て替え、不燃化を進めることも大事だと思います。しかし、今のように〝民活〟のかけ声のもと、コミュニティが壊され、業者だけがもうかるやり方でビル化することが果たして町の未来にとって幸せなことでしょうか。

◆私たち自身がいかに関連法規や町の実態、行政にうといかは情けなくなるほどでした。しかし自分の町は自分で守るしかない。お上に任せたり、企業に身をゆだねるのではなく、私たち自身が主人公、行政は公僕《てした》という感覚で町を作りたい。

◆食うには困らぬ世の中ですが、地価高騰のせいで庶民からマイホームは遠くなるばかり。一生汗水たらして働いて、不忍通りの半坪も買えないなんて、やる気がなくなる、との声しきり。岸恵子さんも〃フランスならとっくに暴動が起ってる〃とか仰言ってましたが、米騒動ならぬ〃お家《うち》騒動〃が起きたりして。（M＝森まゆみ）

◆高知でのんびり一人暮らしの義母に、「たまには東京に来てよ」と誘ったら、あっさり断られた。疲れるし、狭いし、留守中の草花が心配だとか。地域とはずれた所で肩入れしてくれてる書店さんにこの場をやっと借りて感謝第一弾。信山社（岩波ブック・サービス・センターに変わりました。ヨロシク。）の岩垂さん、アクセスの鬼塚さん、芳林堂の橋元さん、八重洲ブックセンターの京嶌さん、めいしょう堂の守田さん。数ある雑誌の中で谷根千を目立たせてくれてありがとう。それにしても、「谷中銀座の武蔵屋さんでは……」てな記事を、外の方はどう読んでいらっしゃるのか。（Y＝山﨑範子）

◆谷根千は遠くの読者も多いのですが、二五〇円の雑誌を送るのに一七〇円もかかってすみません。月刊ではないので三種郵便はとれないし、薄すぎるのでまとめても書籍小包もダメとか。三種も書籍小包も文化を育成するためというのに。マンション物件情報満載のPR誌が三種で来たりすると頭にきます。（O＝仰木ひろみ）

【其の十三】　一九八七年九月十五日

路地今昔

「谷根千路地裏物語」

◆夏中に路地の特集を出したかったのですが写真展に追われてできず、しかし年に四回、このペースが良い買いやすいとの読者の声に甘えて、遅々とした歩みを続けています。出版界は不況のワリに自転車操業で経営上、新刊を乱作せざるを得ないシステムとなっていますが、私たちは次の号を出す経費さえあればよいので、手間をかけてじっくりやりたい、なんてぜいたくを想っています。

◆反対に時間さえかければ質が上るかというとそうでもなく、ダラダラしているとつい育児、家事に日々が過ぎてしまい、どこかでエイ、と一気呵成に仕上げなくては、とうてい谷根千は出ないのです。

◆「やりたいことを、やりたいときに、やりたいように」という岡本文弥さんのエッセイのフレーズが、頭をついて離れません。憧れの文弥さんにやっと谷中・路地亭でお目にかかり、そのやわらかく豊潤なお人柄にすっかり魅せられてしまいました。「私はわがままですから」と謙遜されますが、本当の判断力をもってあんな風のように生きられたら……。

◆路地特集はやってみたかったけれど、正直いってつらかったです。じゅうたん爆撃みたいに人の町を歩き回っては、人の暮らしを写したり面白がるってな路上観察者には所詮なれないので、花園を荒らすような気持で、路地の入口で立ちどまってしまうのでした。

そんな私たちに路地の中から応えて下さった方々、ありがとうございました。そこにしっかりした生活、味の濃い人々が住んでいることを知り、やはり取り組んだ意味がありました。

◆路地での得意料理は「野菜の煮つけ」という方が多かったのですが、谷根千の風土食はこれかしら。私たちの昼食も天丼、ソバ、おにぎりと目新しいものはなく時々飽きますが、エスニック料理なんかに夢中のグルメブームに反抗して〝ばっかり食〟。Tシャツにショートパンツの〝ばっかり着〟で夏を乗り切りました。(森)

【其の十四】　一九八七年十二月二十日

発掘、幻の延命院貝塚!!

「谷根千・海辺の集落」

◆十二月六日には早くも初雪が降り、今年はホワイトクリスマス、白いお正月なんてことになるのかな。狂乱地価に明け暮れた一年が過ぎようとしています。みなさまにはどんな一年だったでしょう。

◆〃お寺特集〃と騒いでいるうちに一年が過ぎてしまいました。このところ谷中ブームでお寺を多くの人が訪れ、中には〃お参り〃でなく〃観光〃し、境内で声高に話し、墓地を荒すなどの噂も聞きます。この地域の文化の中心でもある寺院については大々的な特集でなく、少しずつひっそり書きとめておくことにします。

◆夏休みに旅行から帰ると谷中の石段の下に「すごい貝塚が出た！」との噂。さっそく仰木と新スタッフの峯吉があちこち調査。二人はすっかり古代のロマンにひたりきり、仰木いわく、「私、階級社会って好きじゃないの。藤原氏の政争とか応仁の乱の原因なんて教科書で覚えるだけでもイヤだわ。縄文時代っていいわ」。谷根千事務所も原始共産制で「能力に応じて働き、必要に応じて分配する」のだ。

◆しのばずおにいさんの小川潔さんから、前号の記事の誤りのご指摘。ご先祖彰義隊士は小川捷太(はやた)でなく椙太(すぎた)です。ゴメンナサイ。ついでに「彰義隊特集をやったら」の鋭いご提案。ムフフ。いま密かに資料を集めておるところじゃ。

◆保育園からの帰り道。私「ビルばっかりでヤダねえ」四歳の息子「うちだってビルじゃない」一本とられた私「うちのはまだ小さくてかわいいけど、この大きいビルはヤダ」息子「そんなこといっちゃかわいそう。このビルだっていっしょうけんめい住んでる人もいるんだよ」

◆乱開発を批判することは、マンション新住民に敵意を持つこととイコールであってはならないでしょう。「大手町に近い便利なだけの町かと思ってたら、歴史があるのね」とマップ片手に町を歩く方、根津寄席を毎回楽しみにしている方、「この町の人はやさしい」と喜んで下さる方、そんな新住民もいっしょに、楽しく住みやすい町にと願っております。今年も子供に教えられることの多い毎日でした。（森）

【其の十五】　一九八八年三月三十日

戊辰の年、激動の予感

「彰義隊の忘れもの」

◆もうすぐ春。皆様、おげんきですか。私どもの事務所では、またあといわれそうですが、実にまたまた、新しい命の誕生を待っているところです。

◆年末に小川潔さん（先生はヤなんだって）から一年かけて彰義隊を特集してみない、といわれた。一月、寛永寺の浦井正明さんに彰義隊資料を見せていただいた帰り、さる新年会で「今年は戊辰の年、激動の年だ！」と挨拶する方あり。ならば今年こそ、それも彰義隊忌の五月の前に、と大急ぎで取材をはじめました。

◆私たちが町で聞きとりをしていて、人生の区切りになっている大事件はやはり震災と戦災なのですが、土地に何代も続く方には上野戦争というのも大事件としてご先祖から伝わっているのです。その言い伝えの中に、何か民衆の欲求、思いのようなものが込められている気がして。正史ではない、と切られそうなものばかり集めてみました。

◆「官軍は金をくれるがあんた方はお金をくれないから嫌だ」と彰義隊に銃を納めなかった大倉喜八郎は「戊辰物語」の中で、実に冷めた目で上野の死体を踏み越えています。また福沢諭吉は戊辰戦争の当日、砲声を聞きながら芝の慶應義塾で経済史を教えていました。
◆そんな時代を見る醒めた目からは、彰義隊の面々あるいは愚昧にも見えましょう。しかし激動、価値の転換をうまく泳ぎ切り、何くわぬ顔で維新の功臣や実業家になった人より、義のためと称し、若くして散った彰義隊が、なんだかなつかしく思えるのです。
◆ちょうどフランス革命二百周年のアンケート結果が新聞にありました。ロベスピエール、サンジュスト、ラファイエット、マラー、ダントン、マリー・アントワネット……この仏国民が共感する主役に比べると明治維新はいささか生彩がない。のみならず彼の国の人々が今も記憶する「バスチーユ襲撃、人権宣言、三部会の成立」などの事件や「自由・平等・博愛」の高らかなスローガンと比べると、明治維新はやっぱり淋しい。
◆そんなやり残された近代革命を、毎日少しずつでもやってみたいと思ってます。地域のいろんな会合でも、まだまだ「義」や勝・西郷会談みたいな「腹芸」、「根まわし」、「分をこころえ」「事をかまえず」「お互いさま」「まあまあ」、結局は「しかたがない」ことになってしまうんですもの。
◆タイトルは「亡びの美学」にしたかったのですが、核戦争、原発とあまりに亡びの予感が強いまま、亡びに酔うわけにいかないとやめました。チェルノブイリ以降のニュースは空恐ろしく、もうオカネもメイヨもいらない、みんな生かしといて、お願いだから。(森)

【其の十六】　一九八八年七月十日
井戸　大地から貰う水
「井戸のある暮らし」

◆紫陽花が青さを増し、永久寺の岩がらみも白く日に輝いている六月です。ずっと事務所に居ついたあと、ふっと町に出ると、また夏の巡りを感じます。

◆中里介山のことを調べに多摩の羽村に行くと、そこは玉川上水の取水口でした。介山が羽村の堰近くの水車小屋で生れたこと、この水を私たちも飲んでるのか、と思うと介山と水の特集の浅からぬ因縁を感じました。

◆谷中五重塔再建については報道が先行し、地元の方よりは「まだ聞いていない」「どうなるのか」と問いあわせしきり。とにかく私たちは塔を研究しているという段階ですので、これから先は皆様とともに意見を出し合い考えていく、その討論の場になりたいと考えています。

◆「五重塔を知っている人が多い今でなければ」「宗教性はムリでも精神性を出して平和の塔、慰霊の塔に」「塔を建てようと人が集まり、みんなの心の中に塔が立つだけでもいい」などいろいろのご意見を頂いています。

◆この前、貸間を探していましたら、マンション二DKで十四万。「大家さんは無類にいい人ですよ」の不動産屋の話に素直にうなずけませんでした。子持ちの庶民から十四万もとるのが〝いい人〟かしら。相場だから？ 建設費を返済のため？ 相続税対策？ 「でも奥さん、子持ちがOKってとこは少ないよ。十四万ていうとよく入るのは旦那持ちとか水商売の人だね。お金はあるし、部屋は汚さないし。」町はそんなことでいいんだろうか。

◆東京ではますます人間関係が金銭関係となり、けわしいものとなっていきます。気持ちよくつき合い、見返りを期待せず一肌脱ぐという庶民の町を守りたい。だからお金や名誉のためでなく「五重の塔を建てよう」というロマンはすてきです。谷崎潤一郎『刺青』の冒頭の「其れはまだ人々が『愚』と云ふ貴い徳を持って居て、世の中が今のやうに激しく軋み合はない時分であった」頃もいいなあ。

◆うちの宙も早いもので、歩きはじめ片言を言います。今、気に入っているのは「アーンブン」（半分）で何でも食べ物は二つに割って片方くれます。大人になってもその気持ちを忘れないでね。（森）

【其の十七】一九八八年十月十日

「谷根千に生きた夭折の芸術家たち」

碌山、彝、悌二郎、孤雁！

◆昼にはセミが鳴き、夜は鈴虫が鳴くという珍しい九月です。お元気ですか。

日暮里本行寺の加茂行昭住職が「今年のセミはかわいそうですね」とおっしゃいました。夏の来るのが遅く、暑い日も短かったので、今ごろ鳴いているのでしょうか。この異常気象は「しのぎやすい夏」と喜んでばかりはいられません。

◆国会図書館から本行寺に引き受けていただいた萩も根付いたようです。このお寺、月見寺として有名ですが、向島百花園の虫聞きの会に誘いに見えた方が、「おや、この寺の方が虫が多い」というくらい、リーンリーン、チンチンと虫の音。草木の種類も多いのは、ご住職が、生きとし生けるものを大切にするため、殺虫剤などをまかない所があるからです。そういえば昔、日暮里から道灌山にかけては虫聞きと薬草つみの名所でした。

◆向いの谷中天王寺の奥庭にも何カ所か雑草場があります。雑草もまたいのち、人間が魚や獣、そして植物のいのちを食して生かされていることを忘れず、供養するために残してあると聞きました。

◆特集（1）は、明治から大正にかけてこの町を往来し、そこで育っていった芸術家たちのことを取り上げました。九号高村光太郎と智恵子の特集と同じく、生涯と思想に迫りたかったのですが、例のごとく頁数が足らず、この町とのかかわりに焦点をあてました。四人の芸術家の年譜を作り、つきあわせ、地図を見て毎日が過ぎました。天心と日本美術院のこと、昭和の鶴岡政男らの谷中モンパルナス、村山槐多と方寸グループあたりも引きつづき調べていく予定です。

◆最近は若い人がよく「子供は嫌い」「ゾッとする」「汚い」と口にします。障害者や少数民族に対していえば差別と批判されて当然なのに、なぜ子供に対してはいえるのか。経済基地、レジャー拠点化が目立つ都心で、少数者、弱者である子供をいたわる目を大事にしたい特集(2)です。テレビ、ファミコン、シンセサイザーにビルとジェット機しか知らず人間との関係性を持ちにくい世代の登場はテクノ・ファシズムを予想させます。

◆台東区と文京区で「下町まつり」をやるそうです。当初「谷根千まつり」ということでスタートしたとかで、私どもに問い合せや、「とうとう谷根千にも何千万も予算がついたってね」と喜んで下さる方もありますが、一切聞いておりません。町おこしや一村一品運動も、住民の盛上りを行政が取り込もうと補助や制度化したとたん駄目になる、と永六輔さんが言っておられたように記憶します。私たちとしては管理社会からは一歩身をひいて、しなやかにやんちゃに、いいたいことを言いつづける方が楽しいです。（森）

【其の十八】　一九八八年十二月二十五日

渡辺治右衛門て誰だ

「根津藍染町から谷中真島町に抜ける道」

◆冬は早朝がよいという人も昔はいたようですが、夜ふかしの読書で小学生の娘に「起きてよ」とゆり起こされても「ふにゃーい」と枕から離れられぬ毎日です。

◆先の日曜日、根津を通ると、障子の桟をきれいに洗って、ずらりと日に干してあり、「これは負けられぬ」。うちの障子は年越しの穴だらけ、今年こそ、と夫婦して洗いはじめ、ようやく日が落ちる前に張り終わり気分一新。ガタゴトしきいに乗せようとしたら乾きが悪いのか桟がゆがんだのか、張った紙がハラリハラーリと落ちちゃって、またやり直しのお粗末。

◆千石三丁目猫又坂を降りた角に、昔は大塚名画座と飯田橋佳作座の宣伝看板があって、十年もこの道通ったもので、都電や都バスの窓から急いで眺めては今週はどっちを観るか決めていた。この前久しぶりに通ったら、ちがう商品広告看板に。あらためて、東京から安い名画座が消えたんだってじいんと来た。同行の山﨑範子は「大塚名画座は好きだった。混んでくると前の人から順々と通路に座る約束もできてたし、五回行けば六回目がタダになるハンコもあったし」。女性専用デーもあったネ。

◆フランス産ボージョレーとやらの解禁の日、テレビ各局は空輸されるワインを何度も放映、新聞もデカデカと記事にし、地下鉄乗ったら、吊り広告に「本日解禁」。となりで女の子二人が「あれ、飲んでみたいわ」と大騒ぎ。リクルート事件や消費税もものかは、日本中がボージョレーに浮かれているのを見ると、右むけ右の号令出されなくても大勢翼賛すぐできる。

◆小学校の先生が理科の授業に石を拾っておいで、といったら、大半が工事現場のコンクリのカケラを持ってきたとか。ある子は神社の玉砂利を。自然の石一つと出会うのも大変な東京です。「ちびっ子ナントカ」というイベントには最近企業も行政も熱心ですが、日常、遊んでると「あっち行って」「うるさい」と道からも追われる子供たち。子供だましのイベントを考えるより、じっくり子供時代を振り返り、何が楽しかったかを思い出し、せめて今遊ぶ子供の邪魔をしないこと。

◆と最近の断片的感想を連ねましたが、なんと、谷根千は今年もNTT全国タウン誌大賞をもらってしまいました。一度目は何もわからないうちに頂き、二度受賞はないと思うだけにうれしいです。五年もやってますと、「マンネリだ」「初心を忘れてる」「最近ナマイキじゃない」の声も耳に入り、ときにちょっとした励ましも欲しくなります。「気にしてたら何もできないヨ」「関心持たれてる証拠よ」「民主主義とは批判される自由でもあるんです」と励まし続けて下さった町の皆さんありがとう。おかげで、自転車操業の谷根千もやっとバイクが買えます。（森）

【其の十九】　一九八九年三月三十一日

春よこい　早くこい

「谷根千・童謡物語」

◆一月二十七日の夜半三時ごろ時ならぬ消防車のウーウー。寝ぼけて窓開ければ煙また煙。地上げ放火も流行るおり、何事かと飛び出せば不忍通りはさんで前側朝日新聞団子坂販売所めらめらと燃え上り、屋根は抜けて火柱空を焦がす。折からの断水にホースの水もまともに出ざりしに、寝巻にコートのご近所百余人、心配顔で見上ぐれば、無線にて「男性、女性各一人、女の子一人逃げ遅れの模様」との発表あり。みぞおちゾワッとすれどその場を去るにしのびなく、手持ちぶさたの警官尻目に消防隊員ライトを持ちてようよう煙だけになりたる二階に乗り込めば、子供だけでも助かってくれよと人人手を握りしめる。

◆明けて二十八日、七歳の女の子あやうく助け出されて、その母焼死せりと聞きしに、原因は未成年店員二人の放火。その動機はといえば、前借り多くて給金入らず、ここを燃やして新しき職場に移らんとしての犯行なり、あはれ八百屋お七ほどの未熟なる考えにて人一人死にしかと人々嘆息せり。

◆つけても大新聞、黒ぬりの高級車に赤き社旗はためかせ、肩で風切るインテリ記者の年収は一千万とも仄聞するに、片や薄給にて長時間労働に青春を費やせる配達員、年中大忙しの販売店、福祉や正義を訴うならば、せめて今回の購読料値上げとやら、華やかなイベント、役員報酬値上げでなく、販売店の福利厚生に当てるべきと思うがいかがか。

◆必要ありて区役所主催の古文書講座に通いて最初に習いしは元文五年、津軽藩士、役職を賜りし際の誓書、起請文なり。「一、御目付役仰せ付けられ候に付、自分の奢不礼の儀又は御役相勤め候あいだ、金銀米銭衣類酒肴菓子などに至るまで少しも請け申すまじき事」これを破らば神仏必罰。リクルート渦中の閣僚俗吏どもに読ませたき文なり。朝見の儀、大喪の礼など古式ゆかしく強行するのであらば、閣僚就任に際してニヤけてひな壇に並ぶ前に、このテレビ時代、せめてこの程の誓紙、カメラに向って読み上ぐるべきと思うがいかがか。

◆週刊文春の座談会にてニュースキャスターの美人四人、「日本人はみな金持」「庶民なんて言ってほしくない」と気炎、それは港区あたりのテレビ局周辺の華やかな世界のこと。生活保護打ち切られて自殺者も出た荒川区、子供三人残して母親が餓死した札幌市。私も明日食う米には困らねど、服を買う余裕なく、疲れてもタクシーに手上げられず、オペラ好きでも券買えず、建売りの看板は目をそらす。米に困らざるを見栄はって中流と自称せば、当局のアリバイ作るも同じ、本年よりはありのままに言おう、下の中と。（森）

【其の二十】 一九八九年七月十五日

江戸幕府に造られた都市

「もう一つの春日局物語」

◆紫陽花がゆれています。暑かったり寒かったりの七月。夏になると谷中「ひぐらし」のおばさんを思い出します。高校生の私が谷中の町歩きをはじめたころ、「ひぐらし」で道を聞いたら、ジュースが出てきたのです。炎天下を歩いたあとの冷たい赤いシロップジュース。あれが私と「谷中のやさしさ」との出会いだった。

◆再開発の余波をうけ、今度、下町から千駄木の高台に引越しました。夏目漱石猫の家から一分、文豪木下順二邸より一分という物を書く身にはゲンのいい所ですが、やっぱり下町が懐かしい。谷中銀座のそばで便利で賑やかで、人情もあって飲屋もあって。邸宅群のまん中の貸屋式アパートで淋しさをかみしめてます。

◆でも二カ月たった今日、千駄木の高台にもやさしい人がいっぱいいるのがわかりました。ゴミの出し方、回覧の回し方、何でも教えてくれる奥さん。雨に干してあった布団を取りこんでくれた隣りのご主人。一足早く帰る娘は隣家に上り込んで宿題をしています。なあんだ。

◆それから新しいお店の探検ごっこ。中でも白山近くの泰平軒のラーメン。ワンタン、野菜肉炒めがおいしくて三百円にはビックリ。でも十年来値段をすえ置いたが消費税もあるし七月からは五十円値上げですと店の人。

◆何だかこのごろ財布が重いと思ったら、お釣りの一円玉、五円玉のせいなのよね。一円玉の中から百円玉をよりだすのも面倒くさいのデス。主婦直撃の消費税に頭くるという、それだけではありません。

◆印刷費や製作コストには三%しっかり消費税がかかっています。印刷所は「今まで安すぎたのでこれを機会に印刷代の見直しを」といっています。一方、取り次は「消費税表示のない本はこれから扱わない」とのことですし、大書店は「小出版社

「よしこは見ていた」byつるみ よしこ

の外税表示の本は面倒くさいから扱わない」といっております。でも消費税をのせない一般の委託店は「三一〇円になったら面倒くさい」というし、いったいどうしたらいいの。四面楚歌。

◆二転三転悩んだ末がこの結論です。一物二価になるかもしれませんがお店にお任せしようと思います。それにしても消費税を推進した党、手を貸した党には清き一票は入れてやらないのだ。（森）

Mは二週間もゴホンゴホンやってる。Oは足の蝶つがいがはずれて「足引っぱってー」。うちの事務所は足の引っぱり合いだけはシナイ！というYは尻もちついて尾骨を折り…

21号から40号
1989年10月～94年9月

【其の二十一】　一九八九年十月十五日

町が人を呼び、人が人を呼んだ

「田端人─〝芋づる式〟交友録」

◆九月に入っても蚊の多い夏でした。急に寒くなって「冬の号も今年中に出さねばならぬ大忙し秋の号」お届けします。

◆秋は夏目漱石特集の予定でしたが「田端に妙な区画整理の計画があり、文士村が壊れてしまう」って話、さらに「田端駅前鉄道病院アトでテクノアート大イベントがある」って話。こういう縁を信じておっちょこちょいが「それゆけ田端文士村特集号」ってことになったのです。

◆実は数年前より北区の「田端文士村調査委員会」の理事を引き受けていましたが、熱心な課長さんが転勤になったあと、調査会の会合もなく、私もお役に立ちかねておりました。

◆「カラスの鳴かない日はあっても『田端文士村』の売れない日はない」と秋山書店さん。著者近藤富枝先生、『田端文士芸術家村小史』の著者女子聖学院短大助教授内藤淳一郎先生ほか地元の方々にも大変お世話になりました。

◆『田端文士村』に書かれていないことを書きたかったのですが越えられなかった！初めて田端と出会う読者の便宜も考え、結局、都市形成史としての田端を概観することになりました。いくつかの新発見、みつけて下さい。今回マップが目玉です。

◆当然、積み残しとして「方寸グループ」「犀星と朔太郎」「驢馬グループ」などはまたの機会に特集したいと思います。読みたい方は谷根千が続くよう応援を！

◆田端は母の生れた所、奇しくもその家に夫が学生時代三年ばかり下宿し、田端の取材は私にとって感傷旅行でもありました。「裏の渥美清がね、お醤油やコショウをちょっと貸してって持ってっ

ちゃうんだ」といっていた三宝湯前の中華料理店「新楽」も店閉い。夫のいたアパートもきれいに建て替ってました。（森）

【其の二十二】一九八九年十二月二十五日

お宝ーえ、お宝、今年も春から縁起よく

「谷中七福神めぐり」

◆あけましておめでとうございますと書くべきか、今年もお世話になりましたと書くべきか迷っています。お正月に「七福神特集」が間に合わない最悪の場合も予想されます。

◆というのは現在、上野周辺地下駐車場が風雲急をつげ、台東区議会で賛成陳情が採択、反対陳情が継続審議になってしまいました。推進派は今度は池の岸下に掘ることを考え遊歩道に車の出入口がつくこともありそうです。岸下でも大事な地下水脈を切ることとは変わりません。

◆そこで「不忍池を愛する会」ではいま〝池を開発のいけにえにするな〟と「池に絵展」を四ギャラリーで開催中。例によって山﨑範子が本当に打ち込んでしまっているので、その分、谷根千の編集作業が進まないというわけです。イライラ

◆「仕事と運動の見境がつかないのね」「じゃなんのためにこの仕事やってんのよ」などと事務所は戦場と化していますが、万一、発行が遅れましたらお許し下さいませ。

◆上野駅で働く人々を取材に行きましたら、ブラブラと半日いるおじさんがいました。お話したら出稼ぎで来たが、体を壊し、お金もなく故郷に帰れないのだけど懐かしいので駅にいるそうです。JRは「過去のイメージを払拭する」豪華ホテルとデパート付のもうかる駅をつくるつもりのようですが、きっとこういうおじさんもいられなくなるでしょう。あらためて「民営化」は「虎に羽を

つけて野に放つ」ものだったと悔しいです。「ハッピーでないのにハッピーな広告なんて作れない」と自殺した広告作家がいましたが、いまの東京、町づくりに喜怒哀楽の喜と楽しかなくなって、人々の怒りや悲しみはどこへ行くのでしょう。〝泣ける駅〟も大事だと思うんだけどなあ。

◆秋になり箱根の仙石原のすすきを見たくて行きました。ところがすすきのまん中にも起重機、リゾートマンション建設中。ゴルフ場計画も目白押し。東京が駄目なら田舎にいこうってわけにもいかない。

◆ところでYに会う人は「またヤセましたね。体気をつけてね」というし、私には「あ、森さんまた太ったみたい。運動不足じゃないの」というのだけど。二人とも体重は変わりません。細い人は得ですね。きっと私が彼女をいつも酷使しているように思われてんのよ。そんなことないんだからね。

◆根津神社の銀杏が黄金色に輝いています。今年も「歩く問題意識」で暮れてゆくのかなあ。ただ大正・昭和を生きぬいたおばあさま方の苦労を聞くと、まだ楽するのは三十年早いよね、と三人で励ましあってとりあえず来年もよろしく。（森）

【其の二十三】 一九九〇年四月三日
「桜木町は　いつも春だった」

◆沈丁花が香り、鶯の声が聞えます。もうすぐ春ですね。みな様お元気ですか。

◆私は「風邪ひかぬ馬鹿」を何年か立証していましたのに、ついに今年の流行には勝てませんでした。私がうつしたOは、日頃の人徳か差入れも多く楽しい闘病生活。Yは一人ピンピンしてました。

◆今年は久しぶりの雪、いかがご覧でしたか。さぞかし娘は校庭で雪合戦と思いきや、「危いから外に出るのは禁止」だったそうで、ガックリ。

◆この娘、「病い」や「学ぶ」って意味が分んないのに、「ワープする」「テレポーテーション」「ミラクル」なんて横文字はワカル。何で覚えたの?・「ドラえもん!」だって。「病い」や「学ぶ」はもう死語なのか。名取弘文さんの話では、小学六年生の国語で田中正造が出てくるのは、天皇に直訴するところで「陛」の漢字を教えるためなんだって。ナンダカ変。

◆今年の冬は後半、寒いなあ、と思ってたら谷中一丁目町方面より寒波襲来、さにあらず、岡本文弥さんが「寒波」と称して一万円送って下さったのでした。暖い寒波。

◆八十九歳郷土の宝、平塚春造さんの「日暮しの岡」やっと完成。恐る恐る作家の吉村昭さんに序文をお願いしたら、三日後に到着。大感激した。お礼状一つ書くにも何ヵ月もかかる私達に比べ、この迅速さをお手本にせねば。石田良介先生もあっという間に、スケッチや題字を下さいました。感謝。

◆昭和が終り、裕ちゃんもひばりもあの世へ行って「わが心のベストテン」なんてやっていますが。私のベストファイブ①ワインレッドの心②ジョニーへの伝言③心の旅④さとうきび畑⑤六羽のかもめ。Oは①水色の雨②愛燦々③シルエット・ロマンス④異邦人⑤かもめはかもめ　歌に弱いYは①チューリップのアップリケ②拓郎の夏休みと二つしか思い出せない。今年の谷中墓地の花見は〝大懐メロ大会〟をやろうかな。

◆最後に谷根千とは直接関係ないようですけど、高島善哉、古在由重両先生が亡くなり残念です。とくに古在先生には三浦梅園や徳富蘆花のことを教えて頂き、お母様の清水紫琴についての私の小文を喜ばれ、励まして下さいました。一番、落ち込んでいた二十代の、立ち直りのきっかけとなった励ましでした。「谷根千」の根っこともいうべき「水平コミュニケーション」と批判的精神を教えて下さった稲葉三千男先生は東久留米の市長に、編集者として出会ったシルヴュ・ブルカン教授はルーマニア救国戦線議長になられ、まさに激動の世界の人と人の結び目に自分が生かされてあることを感じます。桜木町特集がでる前に桜よ散るな。（森）

【其の二十四】 一九九〇年七月十日

南関東大地震69年周期説によると あと2年

「関東大震災に学ぶ」

◆暑くなりました。事務所の中からみる庭木の緑がほんとにきれいです。紫陽花も今年はことのほか見事でした。

◆桜木町特集23号を配達したとき、すでに桜は散っていました。今年は早かったのよね。桜のイメージの表紙なのに、皆さん「わっきれい。つつじ祭りに合わせたの?」ですって。配達中は藤が咲いてました。今号も遅れそうです。でもいいんだ、九月一日の震災記念日に間にあえば。

◆「天災は忘れたころにやってくる」と申しますが、とくに震災・戦災を知らない私たちは子供の避難訓練なんかも、心をすえて取りくまない欠点があります。自戒の意味も含めての震災特集、今回はOが腰をすえて取りくみました。

◆六月一〇日の「不忍池フォーラム」の打ち合わせで根津の天豊で小森厚さん（上野動物園元飼育課長）にお会いしました。「ヘリテージという言葉は、文化遺産とか訳すから古臭い。環境保護というと人間が何かしてやってるという感じ。ヘリテージとは、自然や先人がつくったもので、今生きている自分たちには二度と作れないものだから大切にしていこうということです」。

◆そこへ高峰三枝子さんの訃報です。「赤レンガの東京駅を愛する会」の代表として保存に尽されました。高峰さんは「憧れの飯沼飛行士がお骨で帰られたのを東京駅で見かけてショックだった」という思い出から保存に乗り出され、名前を貸すだけでなく、街頭署名や会合にも来て下さっていました。気さくで、パッと華やかなムードで運動を引っぱり、東京駅が残ったのは、自民党のおじさまたちに高峰ファンが多かったから、とささやかれているくらいです。

◆「トポス・上野ステエション」は緊急出版みたいなあわただしさで作ったのに結局一年かかりました。ページも伸びました。ご協力下さった皆様、とくに引用部分の転載をお許し下さったタウン誌「うえの」の皆さん、写真家の本橋成一さん、ありがとうございました。また再録に当って連絡のとれない方もいらしたのですが、数行の引用ですのでご寛恕下さるようお願いします。

◆「国宝展」は大混雑で近くに住む私めも四十分並ばせていただきました。並びながら反対に考えたのは「駐車場なんかなくっても魅力あるものに人は集まるんだな」ということ。あとは〝車でこないでキャンペーン〟と、このお客様を駅公園口からお帰しせず、広小路や谷中にお寄りいただくことを考えればいいのでは?

◆「青鞜」は「谷根千」より約七十五年前に、同じ千駄木の山の上で生れた女の雑誌。次回で特集します。乞ご期待。(森)

【其の二十五】一九九〇年十月十五日
千駄木の山で生まれた女の雑誌
「平塚らいてうと『青鞜』」

◆暑い夏でした。「震災特集」はタイムリー・ヒット、テレビでも区の公報でも大地震特集をやっていた。三原家さん「あの年も暑かった。九月一日に罹災した人が暮まで浴衣一枚で暮せたもんねー」ホント?

◆あとから欲しいといって下さる読者のため千部

くらいは余分に刷ってるのですが、出版点数が四十点近くなるとそれだけで四万部の在庫。ついに事務所の床が抜けました。そのため、在庫一掃セール中。このさい欠号をおそろえ下さい。

◆あまり暑いので山﨑範子も髪を切りました。そしたら団子坂下の角でトントンと肩を叩き「待たせちゃってごめんね」という美女あり。なんと山﨑は「彼氏」とまちがえられたのです。以前、峯吉智子があまりのショートカットで、田辺文魁堂のおじさんに「あんた女、それとも男?」とまじまじとみられたっけ。秋に備え、少し髪をのばしかけた私もついに志半ばで切りました。

◆暑くても楽しいのは甲子園。これでも高校生のころは三沢の太田君や箕島の島本君に憧れて、アメリカ遠征選抜チームが東大グランドで練習するというと外野で球ひろいしたのにね、いまはすっかり母の心境。「この背番号も母さんが夜なべで縫いつけたのだろうな」って感じ。ウドの大木みたいな選手が多い中で、西日本短大付の中島博幸投手は素敵だった。つい「十七歳の彼」を口ずさみながら見てしまったの(十八歳だっけ?)。体力に恵まれなくても技と強気で勝てるんだなあ。

◆松山へ行って道後温泉に入って土地のおばさんたちと語らいました。「ここで足や手を洗われません」「洗髪せられません」と柔い言葉のあとに「旅の方には親切にしましょう」と書いてありました。それにしても長湯なこと。松山人の夢は伊予鉄の株を買って市電で道後の朝湯に入ることだって。そんなのんびりしたお国柄でなんで松山商は強いんだろ。(とつい甲子園が出ました)

◆夫の郷里北海道に帰りました。「雄大な大自然」が売り物だったはずが、帰るたびチンケな観光施設ができてがっかり。極め付は巨大鳥居がライトアップに映えるキリマンジャロ温泉と、巨大観音にコンクリ五重塔の「北の京芦別」でしょう。不気味な悪趣味だ。「カナディアンワールド」「グリュック王国」「ヴェネチア美術館」てな欧米崇拝型物売りテーマパークもなんのこっちゃ。かもめ群れとぶ古びた港町小樽には、ポストモダンホテルの脇を明るいギャルが闊歩している。リゾート法は怒りの鉄拳で叩きつぶさなくては。

◆とここまで書いて読み直すといったい私はこの夏、何してたんだろ。遊んでただけじゃないか。早く仕事の秋になって欲しいよお。後記を書いてからが長かったの。（森）

【其の二十六】　一九九〇年十二月二十五日

谷根千流モノを大切にする生活のススメ

「町の直しやさん」

◆寒くなりました。冷え込んだ朝に、お味噌汁を作りながら、そろそろ子供の冬物を出さなくては、こんな晴れた日には夏布団を洗って干したいのにと思いつつ日の射すベランダを恨めしく見上げて、仕事場に向かいます。

◆先号も一カ月ほど遅れ、何軒かのお店は冬の号とまちがえて、「あ～ら早いじゃない。今年もこれで終わりね」とおっしゃるので、「イヤまだあと一号」というと「本当にできるのお」と半信半疑。こちらも半信半疑ですが、今号も年末・お正月らしい内容をたくさん盛り込んだので年末に出なくちゃあ泣いちゃう。

◆前号の後記は暑い話ばかりだったのに出たころは寒くて不評だった。Ｏは「後記を一番先に書くなんて！」というが、Ｙは「とりかかるころの楽しい感じが出ていていいよ。最後は苦しくてどうしても話が暗くなるもんね」とかばってくれた。これは実に真実なのです。

◆「青鞜」は小さな雑誌のよしみで、親近感が湧いています。「月刊で一三四頁じゃ大変だったろうねー」「でもレイアウトも版下作りもないし、売るのは売り捌き所任せで校正だけなら楽なんじゃない？」とか「それにしてもめまぐるしくいろんなことが起こったね。同性愛あり、大恋愛あり、不倫あり」「私たちも独身でやってたらもっと楽しかったかもね。七年でずい分イイ男に会ったじゃない」なんて盛り上がったりして。

◆「どっか行こう」といっても「ヤダ」という娘に「出不精ね」といったら「そっちこそデブ症でしょ」といわれた。息子の方は学校で習った「暫時もやすまず槌うつ響き、飛び散る火花よ、はしる湯玉」の歌が気に入って毎日壊れたレコードみたいに歌ってるんですが・・・「しばし」も「湯玉」「ふいご」「精出す」も全部何のことかわからない。「村のかじ屋って土を打って火花を出して家に火つけてあるく人」だと思ってるというの。

◆らいてうの「自由で簡素な生活」は高校の頃から憧れでしたが、某女性誌からライフスタイルの取材あり。車もない、皿洗い機もない、服は買わない、メイクはしない、ハイヒールもストッキングもまずはかない、お中元もお歳暮も七五三もしないといったら、「うちのスポンサーが喜びそうにない答」といっていました。「アメリカでもボランタリー・シンプリシティ（自覚的簡素）が一つの潮流になっている」とも。洗濯をしすぎなければ節水になり川を汚さない、そして時間が生まれるは確か。ま、怠け心を正当化しているだけですが。

◆スペース・ニキで「寺山修司展」感無量。昔「犬神」の芝居をやって仏壇と曼珠沙華を作るのに往生したのを思い出した。寺山の歌を読むと何故か青森の鷗とぶ海が目前に浮かぶ。今回の特集は久々に山﨑範子が担当しました。（森）

【其の二十七】　一九九一年三月二十五日

夢を追うや熾烈

「日本美術院の人々――天心・大観を中心に」

◆この号が皆様のお手許に届くころには寒さも去り、桜の蕾もふくらんでいるのでしょうか。湾岸戦争は終わっているでしょうか。そう祈ります。
◆長年、課題であった日本美術院にやっと取り組みました。いまも美術院は谷中にあり、六角堂のある天心公園は子どもたちの遊び場にもなっています。横山大観、平櫛田中はじめ院の方々は、谷中辺に住む人々には親しいものです。いつものように頁数が少なく素描にすぎませんが、これで興味を持たれた方は、参考文献にあげた本など読みつがれ、不忍池の畔の横山大観記念館へお出かけになって下さい。静かでいいところです。今回は大観記念館に大変なご協力を頂きましたが、館の方はみなさんとても親切で、どの来観者にも丁寧に説明なさるのに感銘を受けました。またお身内の方も大観を神格化せず、画業を正当に評価しながらも、外の者に開かれた態度を保たれ稀有なことと感じました。
◆事務所を訪ねられた米人男性ジャーナリストが日本文学が好きだというので、永井荷風を読むかと聞いたら、あんなメイル・ショービニスト・ピッグ（男性帝国主義つまり性差別論者）は嫌いだとのこと。思いつくほかの作家をあげても同じ答えなので笑ってしまいました。
性差別にこだわると谷根千はやることがなくなっちゃう。たしかに天心は上司の妻と通じ、姪との間に子を設け、と女性関係は多彩だったようです。その天心と恋に落ち、同じく女癖の悪い夫との間で悩んで狂っていった星崎波津子はなんという悲劇かと思います。大観の第一、第二の妻も貧困と過労で早死にしますが、当時美術院の面々は「日本美術院史」や「横山大観」の著者斎藤隆三によれば「昼間の励精は夜を待って鬱散せんとし、狭斜の巷に出入りしては酒を仰ぎ女を揶揄し、万丈の気を吐」いていたそうで、そう思うと景気のいい美術院歌も悲しく聞こえます。同じ著者が第二の妻直子を「よくできた女」の一言で片付けているのも腹が立ちます。ああ古来、「男のロマン」のためにどれだけ女が泣かされてきたことでしょう。

◆特集の中には書く気がしませんでしたが、この一言だけはいいたかった。（森）

【其の二十八】一九九一年七月十日

いろんな人が林町に住んでいました

「みんなでつくる林町事典」

◆団子坂通れば六階から招く。保育園の阿部瑛くんのお母さん。「ビール飲んでかなーい」。

前に谷中五重塔再建に向けて、「ミス五重塔コンテストでもやろうか」といったら、芸大あたりでは「森さんならミス五段腹コンテストの方が」の声も出た。

◆あのとき塔の中に仏舎利が入るか、どうかなんて論争中、おすしが「お待ちー」と届いた。すかさず加藤勝丕さん「今日の握りはシャリ抜きだあー」なんてね。もうすぐ塔の命日七月六日が来る。

◆夜になると娘は「こんな狭い家でじっとしているとムシャクシャする」というので私の腕を貸してやるとガブリとかみつく。またはプロレスごっこ。路地で近所を気にしながらバレーボール。それでもダメならストレス解消に風呂屋へいく。

◆根津神社を抜け、山の湯へ行く道はついつい婦系図を思い出す。この前は山の湯にフラれ、流れ流れてトロピカルムード溢れる宮の湯へ。保育園のマナブ君のおばあちゃんに会って背中を流してもらった。帰りに「ガンバ」で氷（百円）とタコ焼き（三百円）。「この町へ来て二年、タコ焼きはお年寄りが昼ごはんにしてるみたいね。お茶うけに買ってく人もいる。真島湯と人参湯が閉って風呂帰りのお客が減ったね」
◆平岡正明さんの『新内的』（批評社）は岡本文弥さんを語って味わい深い。一カ所だけ難クセをつけると「台東区谷中、文京区根津、千駄木を谷根千といい、同名のタウン誌も出ているが」は逆ですね。
◆騒がしくなったヤネセンを離れて、相変わらず荒川狂い。尾久、宮地、泪橋、三ノ輪、小塚原、そして汐入。南千住駅から歩いて十分の別世界、汐入もあと少しで消えます。粋狂な方は昔の東京を眼玉に貼りつけに行って下さい。（とはいえここも慧眼な枝川公一さんが朝日ジャーナルで「汐入夢幻譚」をはじめちゃったしな。また騒がしくなりそうなのだ）。
◆月末になると三人ともお金かき集めて前家賃を払ってほっ。「これで取りあえず寝るとこに困んない」「食べる方はどうでもなる」「今日はそぼろ丼よ。鳥ヒキ二百と玉子三コですむ」「うちは油揚オロシ丼」「うちは人んちで食べる」だもんね。相変わらずカンパ、差し入れ多くつくづくお布施で生きていることが実感されるこのごろです。町の皆様、ありがとう。（森）

いま谷根千で調べていること。
・なぜ忍ヶ岡なのに不忍の池というのか
・江戸の名物蓮めしのくわしい作り方
・岡田虎二郎と静座・宮沢芳重のこと
・冬は映画特集、みなさんワクワクしてみた映画は何ですか？·どこで見ましたか？

【其の二十九】　一九九一年十月十五日
おそるおそる入ってみました
「谷根千　古美術ストリート」
◆秋です。セミの声がコオロギに変わりました。

夏の余韻を楽しんでいます。
◆なつかしい岩井に行きました。岩井でサザエの壺焼き食べるのが夢だったのに、砂浜のハシからハシまで歩いてもヤキソバとビールと氷くらい。やっとサザエを焼く店を見つける。一個九〇〇円。観光客のスポーツ施設を作るため、磯をつぶしたのでサザエもアワビも採れないそうです。そんなバカな！
◆次は大阪・水郷水都会議へいく途中、長良川の河口堰現場を見ました。反対派の質素な納戸改造様展示場に対し、建設省のは万博パビリオンみたいな巨大展示場。きれいなオネーサン二人を配し、カラー刷りパンフやビデオで迫ってました（バカな！）。伊吹山の名水でウィスキーの水割りを作り、関ヶ原の田圃でチャンバラゴッコをしてコーフンしてしまいました。
◆一泊三七〇〇円につられて文京区やまびこ荘に観光客気分で行きました。ここは文京区と湯之谷村の都市農村交流事業。付近の見所をたずねたら、「来る人は無責任だよ、考えてきてよ」の職員の口調にトゲを感じた。職員さんは村の第三セクターの派遣社員だそうですが、もう少し水を向けると、「都会の人は我々に奉仕を求めるだけだ。交流といってもうちに来て尾瀬を案内しろ、ゲートボール大会を開かせろというだけ。一度くらい文京区に招待して東京ドームで巨人戦くらい見せてもらいたいね」とのこと。あー、もっともだ。前に文京区の区議たちと福島の安達町の視察でいっしょになったことがあるが、彼らの「交流してやる」というふんぞり返って、しかも無教養な態度に同じ文京区民として恥かしかった（オレたち都会の政治家で歳費数十万、キミたち農家兼業議員でしょ、があからさまであった）。都市農村交流もはやりだがむずかしい。下手にやるなら気持のよい観光客でいた方がずっといい。
◆プロ野球で思い出したけど、Oは近鉄の仰木監督さまさまで、最近は宛名も扇とか大木とか書かれず、ギョーギとかアオギさんなどと読まれずにすみ喜んでいます。ただし今日も事務所では西武×近鉄デスマッチなのだ。
◆Oはハンサム好みで小林薫と役所広司。同じ「非情城市」を見てもYは山村ゲリラになったインテリが良くてMはヤクザの兄貴がいいって騒いでる。映画狂三人の事務所はいつも「リチャード・ギアがピアノ弾くところがカッコいい」「エンジェル・アット・マイテーブルはオネーサンが見るべきよ」「黄金の馬車って勝野洋と田村正和と若林豪で冨士真奈美を張り合うみたいなの」と大騒ぎです。次号は映画特集です。みなさまの思い出の映画、とくにどこで見たのか、ハガキなどでお知らせ下さい（動坂松竹とか根津芙蓉館とか、日暮里金美館とかね。地域外も可）。（森）

【其の三十】 一九九一年十二月二十五日
人生は映画みたいなわけにはいかないよ
「谷根千キネマ」

◆わあお、年内にどうにか三十号が出せそうだ。読者「どして秋の号は一ヶ月遅れるの」Y「決まってるでしょ、夏休み遊んじゃうから」読者「そのくせ年内に出るのはすごいね」Y「だってお正月は頭カラッポで遊びたいもん」。
◆そのYは念願の映画特集でこの七年来で一番うれしそう。毎晩、映画の本を「まだあるまだある」と徹夜で読んでるのに元気元気。「もう映画のタイトル羅列するだけでいいような気がしちゃったよ。タイトルみただけで想い出が広がる。ウフフ」。こっちはウンチク本の多さに恐怖と胸騒ぎしてるっていうのに。
◆で、本篇より駆逐された私の思い出。

最初はなんてったってお父サンの親指につかまって見にいった「素晴らしい風船旅行」（ラモリス）ですねえ。それから世田谷のお祖母チャンちへ行く途中でみた「狼王ロボ」や「砂漠は生きている」ね。「ランスロット」の〝灼熱の恋〟なんてもう死語だって前号みた人がいってた。許されぬから燃えるのよね。

◆服部時計店に勤めてた伯母チャンがお年玉がわりに連れてってくれた「メアリーポピンズ」。お母サンが古巣の浅草へ行きたがって「サウンド・オブ・ミュージック」を見たのは大勝館か。帰りにアンジェラスで季節外れのストロベリーパフェがゴーギだった。クララ・シューマンの「愛の調べ」も浅草じゃなかったか。併映の「オセロ」の字幕が教育上よくないと、母はチラチラ私を見てたけど、わかるまいの案に相違して全部わかってたもんね。

◆中学に入ると動坂松竹入りびたり。都電から毎週、大看板をながめて、「天使の詩」「十戒」「天地創造」「シェルブールの雨傘」。本当に画面に雨が降りっぱなしの三番館、三本立て百五十円。泣いて走って帰ると母がバスタオル持って待っていた。

そのうち大塚名画座ができ、「さすらいの青春」「わが青春のフロレンス」とたてつづけに青春してたけど、「モーヌの大将」「ビュビュ・ド・モンパルナス」の原題の方がいいのになあ。「死んでもいい」「黒いオルフェ」「ブーベの恋人」「会議は踊る」このへんはすぐメロディーがよみがえる。

◆はじめてデートしたのは「イージーライダー」、ヨシダ君、おぼえてる？高校のころ学校近くの小石川図書館で岩崎昶氏解説にて毎月日本映画シリーズをやってた。今村昌平も「にあんちゃん」「豚と軍艦」からずうっと。溝口、小津……ただで見れてありがたかった。私の映画大学。この特集を取りこわしの決まった浅草の常盤座・東京倶楽部に捧げます。（森）

【其の三十二】　一九九二年三月三十一日

「強者」どもが夢のあと

――それでも谷根千に住みたい

「不忍通りの住宅と環境事情」

大きいのはごめんだ。大きいに自覚的に対抗する小さい本や芝居でありつづける方がいい。そうはかんがえていても、おなじ仕事を十年も二十年もやっていれば、経験がうしろからおいかけてきて肱をひっぱる。知らないうちに大きいをよしとする気分になじんでいる。この気分をたちきろうとして、それが自分ひとりの能力をこえた作業であることに気づく。自分の力を他人の力に合流させなくてはならない。

津野海太郎『小さなメディアの必要』より（晶文社刊）

浮くか、浮かないか、そのぎりぎりの低空飛行でつづけてきました。すっくと立ってサッサと歩こう、子どもはあとからついてくる。こんなかんじで九人をひきずりながら、あちこちに出没しました。マンネリといわれることを気にせずして、一番やりたいことに突っ走りました。谷根千みたいな雑誌が町にあって楽しい、その一言で次の三カ月もちました。これからも読みたい、と思って下さる方は、どうぞ町をゆく「谷根千」に声をかけてやってください！（三十一号～三十四号　口上）

◆「春は名のみの風の寒さや」という「早春賦」は吉丸一昌が動坂町で作った歌です。お元気ですか、三十一号より後記は一人一段ずつ書くことにしました。

◆さいしょ石の上にも三年、次は三十号を目ざしてきましたが、これからは一年更新で続けたいと思います。とりあえず31・32・33・34は出ます、ご心配なく。

また、八年続けて、三人の誰でも企画、執筆、編集、製作、営業、事務をこなせるようになり仕事の分担は等分になりましたので肩書きをなくし、編集・発行の責任は三人で負いたいと思います。

◆最近、写植代を字数計算で払うことになり、大体一号五万字強、三十号にいたっては七万字近く書いていることがわかりました。この前、本一冊二百五十枚十万字という執筆依頼が来たのですが、すると毎回、三人で単行本二分の一冊以上は、マス目を字で埋めている勘定になります。もちろん聞き書きや、お手紙、投書を写すのも入れてですが、「写字」と考えてもやっぱり少しオドロイタ。

◆どうしてもコタツで夜業がつづきます。子供をねかせながらついうとうと。すると「お母さん、ぼくのこと寝せるんでしょ、寝ちゃあ駄目でしょ」と叱られる。あるいは子どもといっしょに九時に寝て、私は三時に起きるとか、トーフ屋さんみたいに生活してます。(M＝森まゆみ)

◆というわけで、今号から私も後記を書くことになりました。ヘタでも勘弁して。

◆バブル崩壊とマスコミは騒ぎますが、町を歩けば昨日と同じく明日も働く人ばかりです。建て直したビルに入る約束で近くに仮店舗を開いたのに、バブル崩壊で業者はビルが建てられず、土地は手つかずのまま。わずかな違約金をもらって他所に移った人がありました。「ま、これで良かったのかも」の言葉の影にある気持ちまで汲みとる特集にならなかった……と、不甲斐ない思いです。ただ一様に聞かれた「国の無策」の言葉は、「政治の傍観者でいちゃダメ」という意味にもとれるのでした。

◆さて、三十号の反響に泣いたり落ち込んだりしていましたが、それでも楽しいのは映画のことを考えているときです。

◆昨年あるアンケートに映画化したい作品は、というのがあり、「キサク・タマイの冒険」(新人物往来社）と答えた。玉井喜作は明治二十五年、シベリア大陸をソリで横断。目的地のベルリンで私設公使として同胞を助け、日独の相互理解を目指して月刊誌「東亜」を創刊。ジャーナリストとしての喜作を映画にしてみたい。主演は平田満、妻エッツは風吹ジュン。

◆併映は「谷根千の冒険」。Mに桃井かおり、Oに大竹しのぶ、私は秋吉久美子。あ、笑わないで下さい。（Y＝山﨑範子）

◆ちょっとしたスキに入りこんだインフルエンザ菌が、体の中をあっという間にかけめぐり、四十度の熱に三日間寝たきりでした。こんな時、子どもの保育園の送り迎えから食事まで食べさせてくれた同じマンションの小林さんに甘えさせてもらいました。感謝感謝です。

◆熱にうかされながら楽しい夢を見た。私とYがアルベールビルの冬期オリンピックを見ようとフランスへ。映画好きのYが「白い恋人たちの舞台のグルノーブルにも行ってみよ」といい出す。行ってみると、ボブスレーの長いすべり台のようなコースが今は誰も使わずにポツンと残っており、男の人が「谷根千で好きに使っていいですよ」と言って去る。そこでY「ねえひろちゃん、子どもたちいっぱいつれてきて、ここでワーッと楽しいイベントしよう、ネ、ネ」といつものルンルン調子。「ちょっと子どもたちに寒すぎない?」と乗らない私。帰りにノルウェーの海辺を通ったら、Mがラッコといっしょにコンブに巻かれ海中で読書中。「ずっと入ってるとけっこう温いよ」。コンブをおつまみにしながらプカプカしている姿がおかしくて笑ったとたんに目が覚めた。現実にありそうな夢だった。

◆三人がお互いの夢に登場することはよくある。それだけ背後霊になってるのかな。谷根千の原則は自覚的な自由です。（O＝仰木ひろみ）

泣きごとを一筆。三人とも年なのかナ、Mは二週間もゴホンゴホンやってる。Oは足の蝶つがいがはずれて「足引っぱってー」。ウチの事務所は足の引っぱり合いだけはシナイ！というYは尻もちついて尾骨を折り、春の韓国旅行をあきらめました。これで春が来るのでしょうか。

【其の三十二】 一九九二年七月十五日
夏は谷中生姜―日暮里駅前はしょうが畑だった
「東京の野菜物語」

◆三十一号の配達は桜吹雪の中でした。いつも谷根千の発刊が近づく頃、何本か「まだですか」と問い合わせをいただく。先日も九州の方から「去年は四月の初めだったけど、今年は春の号が届かないんでどなたか具合でも悪いのではないかと思って」とお電話いただきジーン。年末でなぜか帳じりが合うのにまた遅刊です。

◆慢性の肩こり、睡眠不足、風邪をひくと治りにくいこの頃、版下貼りの徹夜もだんだんつらく、ルンルンしているのはYだけです。

◆原稿書きの横で宿題をしていた小三の息子が「お母さんが年とってヤネセンやれなくなったらオレ、岳ちゃんやユッピたちと谷根千パートⅡってのやるから」なんて言いだした。かわいいこと言ってくれるじゃないか。

◆瓢箪から駒、学校の休みの日、Yのお供で、男の子三人が谷中しょうがの事を調べに図書館へ。お駄賃目当ての労働ではない。調べたところをコピーをとらず、原稿用紙に書き写してきた。時間はかかったが、貴重な体験ができた。あのバッハでさえ、お兄さんの楽譜を月の光でこっそり写譜したのが大作曲家の一歩になったといわれているが、「丸写しする」ことをコピー機にすべておまかせしてよいのか。マス目に一字一字しっかりと書

かれた子どもの字を見てそう思った。(O)
◆雨上がりの根津は猫のおしっこが臭います。仕事場の紫陽花もゆれています。こんな日には窓をあけて、いっそさっぱり夢のかけらを捨てたくなります。
◆横山庄右ヱ門さんのお話で感銘深かったのは、「労働が厳しく親に遊んでもらったことはないが、手伝いもし、いつも夕食は家族でとった」という話です。作物を作るという共通目標がこの家族にはあった。てんでばらばらの方向を向いて、食事も共にしないで、休日のみの〝家族ゲーム〟の私たちとはずいぶん違う暮らしです。
◆尊敬する友人が夜勤のすきまに手紙を書いてくれました。仕事が大変なのでしょう。「帝力我れにおいて何かあらんや」とあります。あァ、高校の漢文で習った「撃壌歌」だナ。「日出でて作す、日入りて食す。井を鑿《うが》ちて飲み、田を耕して食す」。「無為の政治をたたえた言葉なのだそうですが、私は何か民衆の強さを感じてます」と彼。庄右ヱ門さんの話と重なってその通りと思いました。
◆出生率低下には女性の「社会進出」のせいという言葉にはひっかかります。男女の性別役割分担がなくなるのは歓迎ですが、進出とは、やはり暮らしの場と働く場を隔絶させる言葉だからです。かつて人を縛り、身動きできなくした共同体の「共同」の意味を変えるときがきたようです。(M)
◆前回は谷根千有史以来最悪の表紙となり、M「恥ずかしくて配れない」、O「何回目の失敗だっけ」なんていうし、私は二度と笑顔になれないと落ち込んでましたが、人間て立ち直れるもんですね。
◆しのばず観察会の小川潔さんの手下となり、十年に一度のたんぽぽ調査を少年三人とやらせてもらいました。夏を思わせる四月末のある日、千駄木―根津―向丘―西片―駒込―中里―田端―日暮里と拠点ごとに西洋たんぽぽと在来種(関東)たんぽぽの分布を調べながら走るのです。

◆「ネェ、オバチャン（オバチャンと軽々しく呼ぶな）、外国のたんぽぽってどんなの?」「外国のはこんな風に総包が反ってんの（※イラスト有）。で、日本のはこんな風に花びらにくっついてるの」「じゃ、外国の見つけたら、オレたちスゴイよな（子どもは舶来指向ナンダ）」「違う違う、今は西洋たんぽぽばっかりで、日本のが少ないのよ」「じゃ、国産がいいんだな（自動車じゃないっての）」

◆結局、分布調査はそのまま在来種のたんぽぽ捜しになり、結果は五百メートルごとの担当拠点三十一のうち二十七地点でたんぽぽに出会えたが在来種はゼロ。

◆谷根千地区では貴重なその在来種のたんぽぽが、竹の子掘りに行った愛知の足助には一面にあり、少年の一人は「スゲェ」と感動していました。少年は感動を、私は失敗を、忘れないでいましょう。（Y）

【其の三十三】　一九九二年十月二十日

〝谷中の美人〟を探して

「一葉の生涯を歩く」

▼あまりの暑さに髪をバッサリ切ったら突然秋になった。「ずい分短くしたわね」といわれたら「ウン、失恋したの」と答えるのだが、今朝も団子坂で可愛い女の子に声をかけられてしまった。

▼特集に張切るM姉さんから、一葉についてレクチャーを受ける。一葉のお姉さんは士族に嫁いだが離婚、その後野合《やごう》して再婚したんだそうだ。「ネェ、野合って何?」「適当にくっついちゃうことよ」「野っぱらで、やっちゃうわけだ」「下品ね、今の恋愛結婚ぐらいの意味よ」「じゃ、あたしたちみんな野合だね」。

▼下町演劇祭参加作品のひとつ、新宿梁山泊の「リュウの歌」を観にO姉さんと浅草フランス座

へ。一度入ってみたかったんだ、ここ。狭い舞台に、たくさんの照明。天井がつっかえちゃってやりにくそうだった。女性用トイレはひとつしかなく、というか、ちゃんとあったというべきか。「下町演劇祭に協力致すこととなりましたのでヌードショーは休演です」の看板が楽しかった。

▼十七、八年前のこと。年下のボーイフレンドは西川口のヌード劇場の照明係で、「僕の仕事場を見て欲しい」と言われてくっついていった。「職業で人を嫌いになってはいけない」とか「私の力で別の働き口を」なんて青臭いことを真剣に悩んでた毎日だった。こんなこと思い出すなんて、やっぱり秋ですなあ。（Y）

▼きつい日差しの続く猛烈に暑い夏でした。事務所の壁に「32度を超えたら仕事をやめませう」のはり紙を見つけ、小踊りしたけど交替制の夏休みとて休むわけにもいかず、ふと温度計に目をやると35度。思考回路停止。事務所の番犬ベルちゃんを洗いながら涼をとりました。

▼夏の間に食べたスイカの種をプッとベランダに向かって飛ばしたら、いつの間にか芽が出て蔓が延びて、九月のある日ピンポン玉ほどのスイカが涼しそうにぶら下っている。ちゃっかり黒い縞模様までつけてエライッ。雑草かと思ってひっこ抜く寸前の大発見。「一に水やり、二に日当り、三がなくて五に愛情」といったYのダンナを信じ水をたっぷりやりながら見守るのが今のささやかなシアワセ。

▼そのスイカの花が「咲いている」と息せき切って教えてくれた6才の娘相手に「スイカの花はね、雌花と雄花があって雌花は花の根元が少しふくらんでるでしょ。雄花の花粉をこうやって受粉するとスイカが成るのよ」と伝統的な性教育も。

▼息子とこの夏評判の「紅の豚」を観に行った。夏休みの日記に「ふれあいのブタを見ました」と書いてあるのを見て「くれないでしょ」といった

事から家族で豚論争に。くれない、つれない、ふれあいといろいろ出たが、最後に黙って聞いていた夫がひと言。「君はつれあいの豚だ」と。あんまりだ。(O)

▼なんとせわしく生きていることだろう。と思い立って近江に旅しました。京都から湖西線でほんの二十分。琵琶湖を見たのは初めてです。広い。比叡山を模して東叡山がつくられ、不忍池が琵琶湖に見立てられ、竹生島から弁天様を勧請した、という話、何度も何度も筆先で書きましたが、初めて位置関係を納得。

▼家から仕事場へは日医大裏の坂を下ります。はるか谷中の杜もみえます。先日、真っ白なワイシャツを着た真っ黒な人が向うから上ってきました。一瞬どうやって出会うか、緊張。そしたら彼が「重い?」と聞きました。私が調べ物の事典を両手に抱えていたから。すっと体がほぐれて「重い重い」と私はニコニコしました。彼もニコニコしてました。嬉しかった。

▼幸田文さんを読んでいたら、無性に掃除がしたくなり、うちはその広さもないので、母の家に行って雑巾がけをしました。母が「まゆちゃん、あした雨降らないかい」と聞く。「あら、あしたは天気だよ」と答えると、「だってあんたに床ふいてもらったりしてさ」と笑いました。娘は「このヒトはやせたいだけだよ」と平然とマンガを読んでおりました。

わかれむとおもふ斗《ばかり》も悲しきを
いかにかせまし逢はぬ月日を　一葉

▼才能はイタめつけなければ出てこないそうです。まさに一葉の人生。(M)

【其の三十四】一九九二年十二月二十五日
「都電20番線　不忍通りをゆく」

◆播州竜野で後記を書いています。三木清のふるさとです。あえて三木露風とはいいますまい。獄中死した哲学者と瑞宝章をもらった詩人が、一緒の記念館におさまってるのはなんだか変な風景でした。

◆「機嫌がよいこと、丁寧なこと、親切なこと、寛大なこと、等々、幸福はつねに外に現れる。歌わぬ詩人というものは真の詩人でない如く、単に内面的であるというような幸福は真の幸福ではないであろう。幸福は表現的なものである。鳥の歌うが如くおのずから外に現れて他の人を幸福にするものが真の幸福である」―三木清「人生論ノート」―

◆前回の一葉特集の扉の「闇桜」の一節は女性から「わかるわかる」と大反響。人に知られてないグッとくる一節を探してヤッタネという感じ。好きな人がいたころ、「一時間のうち五十分も想ってるなんてどうなってんだ」と嘆息していた私はこの一節に出会い一葉には「マケタ」と思ったものでした。

◆「一時は一時にまさりて」も一つの幸福。戦争直後、上野の五条天神の下の井戸には近所の人が並んでいた。中に男女の乞食がいて、待つ間もルンバを楽しそうに踊り、みなのひんしゅくを買っていた。でも二人は「乞食にゃ乞食の夢がある」とニッコリしてダンスをやめなかったんだってさ。清水町の尾臺さんから聞いた、私の好きな話です。（M）

◆涼しくなれば仕事ができるのにと思った前号でしたが、早くも夜中にふとんを離れがたく、まことに仕事しやすき季節は短いもの。あーあ、追いつめられる前にやっときゃよかった。

◆法真寺の一葉忌で三十三号が百四十冊も売れる快挙。まことにしあわせ。今年の講演は伊川住職念願の俵万智さんで、そのためか男性の参加者も多く、谷根千を売る私の隣でサイン会が始まると、押すな押すなの人盛り。「ちょっと谷根千の人、邪魔、邪魔。万智ちゃんの写真撮るんだからどいてよ」と声が掛かり、これは気がつきもせず失礼しましたと、机を持ち上げエッチラと端に寄りましたら、帰りに河出書房の方が、「さっきはゴメンネ」などと私にもサイン本を一冊下さり、まことにかたじけない。

◆谷根千を買って下さったお客様のうち、「Mさんによろしく」と十数人。「Oさんによろしく」と数人。「あなたに会えてよかった」とたったひとり言って下さる方があり、三人の人気のほどがうかがえますが、「あんたたち三人とも容姿で勝負してないとこがいいね」とおっしゃる方の真実がまことに胸を打つ。

◆「寝盗られ宗介」を観て体の内にポッと火がつき、「青春デンデケデケデケ」で目頭を熱くし、「映写技師は見ていた」では背筋を伸ばす。今年もまことに単純、まことに楽しい一年でござった。(Y)

◆文京信用金庫の夏祭りですくった金魚たちが家に居ついて早三ヶ月。人の姿を見つけると水槽の角に一列に並んで口をパクパク。何だかとても心の通じ合うひとときです。でも大きい順ていうのが気にくわぬ。金魚の社会も大変ねと文京信用金魚ちゃんたちにエサをやる毎日です。

◆お櫃を買った。炊き上ったごはんをお櫃に移し、卓袱台の傍らにおいて食卓を囲む。つい、おかわりどお?と言ってみたくなるこのごろ、またまた過食症に。

◆そんな事書くためか、大阪の飯塚さんから、お手紙と共に或る日航空便が届いた。な、なんと中身はダイエットフード。「後記を読んで文面より約2名の方の悩みの共通点が浮かび上がっており」ということで、「ストレス性の過食も原因の一つ」だとか。これはアタリかも。Yにはストレスないもんね。ありがたく頂戴します。

◆都電の特集いかがでしたか?荒川線だけを残して東京から都電は消えました。そんな昔の事聞いて何になるの?・という疑問符を持って始めた取材でしたが、「乗って安心」「行き先がよくわかる」「たて揺れがなくてお年寄りでも乗れる」など。やっぱり都電は廃止しない方がよかったのだ。私の夢は、まずは不忍池畔を走っていた専用軌道の復活。再び電車が走ったら「楽しみ」があるから上野に車で行く人も減るだろうな。(O)

【其の三十五】 一九九三年四月十日

わたしのおなかはその日の気分

「100人100様の食」

◆ウグイスの発声練習で目を覚ます春となりました。日ごとに上達してゆく「ホーホケキョ」。四歳の息子には「キョーもオネショ」と聞こえるらしい。

◆一年ぶりにミニコンサートを企画。パンフルートというルーマニアの民族楽器の伴奏をした。朝、子どもの起きる前に一時間、夕食の鍋を火にかけて二時間、食べて二時間、子どもを寝かせて深夜に二時間。小刻みながらヘッドホンでオルガンの練習。やれば作れる自分の時間。楽しい日々でした。またやろーっと。

◆元気で明るく生活できるのが自分にも他人にも良いことはわかっちゃいるが、何かと落ち込む原因のおおい三カ月でした。そんな日はYを見習うことに。何せこの人、気分転換が早い。「部屋の模様替えしよう」といい出し、「一人二万円まで好きな物買っていいから、絵を飾るもいい、ファイルボックス買うもいい。これは社長として社員の福利厚生を考えてのことだからね」とニコニコルンルン。気楽な人、便利な人、かわいいヤツ。私もノーテンキと呼ばれたい!

◆さて最後に一言。食べ物の特集のむづかしさを痛感。読者の皆さんには言わずもがなおわかりでしょうが、小さなお店の多い谷根千界隈です。ど

うか、単品一人買いをなさいませんよう。そしてドドッと押しかけないようお願い申し上げまする。(O)

◆娯楽小説には目がないYは目下ベストセラーバク進中のある本を読み、社説を書いてみたいといい出した。もちろんコノ本は「インテリはバカだ」「美人はトクだ」ということを書いているんだね、と本質を突いていたが。私は歌舞伎を見たりデパートで買い物ばかりしているような女性論説委員にはあまり興味がないが、折角、Yが珍しくマジメな文章を書こうというので賛成しました。というわけで今日からワレワレは論説委員なのだ。月ヨウの午後には「論説委員会ゴッコ」も催すことになっておる。が読者が全国に3人プラスαしかいないようなら早々にやめる予定。

◆今回の特集はやりにくかった。酒屋や銭湯特集なら取材先がはっきりしている。不特定多数に聞いて回り、スペースもないので最後は独断と偏見によった。谷根千をおいて下さっているから載せる、という「義理書き」もやめることにした。だからのれん会方式のタウン誌のように「谷根千ご推薦」というわけではありません。「うちが載ってないから置かない」などというセコいお店はまずないものと信じます、ノダ。ダヨネ?

◆岩崎邸見学の帰り、珍しく湯島の甘味屋に寄る。ぜんざいの耐えられない甘さ。この十年ですっかり左利きになった自分を知る。三月は子供の卒園やら入学準備やらでガタガタとし、例の延刊となりました。(M)

◆女子校の教師をしている友人から映画に誘われた。「どうしても観たいのがあるけど、ひとりで行くのはちょっとね」という。早い話が私は用心棒だ。彼女は「この十三年間で映画館は二度目」だと平然と言うので、のけぞった。予告編が始まると「エッ、スクリーンてこんなに大きかった?」だって。とにかく楽しいひとときで、またひとり映画館愛好者が増えたかな。
◆おとなになるってことは、想像力を働かせて、周りといろんな状況があるってことがわかって、周りとうまくやることなんだ。だけど、「私もガマンするからアンタもガマンして、うまくやりましょう」的なのは好かない。「私はこうするけど、アンタは何が言いたいのよ」的にうまくつきあっていくのがよい。会いたくない奴と会って、話したくない奴と話して、したくない仕事をして、一生を終わりたくないものなァ。
◆おっと、話が観念的になっちゃって。谷根千はこの自分勝手流の実験的仲間で、毎日崩壊の危機に瀕している。それを支えているのは自分だと、あとの二人はそれぞれ思っているけど、ホントは私なの。
◆この冬、歩道に乗りあげて駐車している自動車を叩き壊し、地下鉄の入口に置いてある自転車を蹴り倒し、歩きながら道に痰を吐くヤロウの横っ面を張り飛ばしたくなった。あぁ、なんて戦闘的になってしまったんでしょ。次の三カ月で春風のような女になるゾ。（Y）

【其の三十六】　一九九三年七月三十日
塩原、那須、福島へ
「集団学童疎開」

◆春風のような女になるにはちと無理があったようで、その代わりに急性胃ケイレンになった。胃カメラも初めて経験。検査は健康な人がするものだね。病人にとって、あれは拷問だ。
◆拷問といえば、病院の待合室で読んだ『ワイルド・スワン』は、胃のみならず心に痛い。今回の特集も最後の版下作りまでなかなかシンドイ作業で、仕事中、左手親指の先をカッターで切り落とす不手際もあり。ま、三十六号記念にちょうどの傷跡になった。
◆傷を舐めていると、登校拒否の子供を抱える友人からの便り。「…以前は苦労も大切、決まりも大事と思っていたのですが、娘は楽しいことしかしたくない人間のようで、今では少しだけこの娘を誇りに思ったりしているのです」とある。
◆徴兵を逃れるため、醤油を飲んで検査に行く、というテレビドラマを小学校三年の時に見て、学校に行きたくない朝、真似して猪口一杯の醤油を飲んだ。あれはつらかったね。ゲボゲボ吐いた後、熱を出してみごと成功。休みたかった理由は、前日転校したばかりの学校で、トイレの場所を人に聞けず、オシッコを漏らしてしまったからというお粗末な話。
◆オシッコから二十六年、「仕立て屋の恋」に胸突かれる大人になった。それにしても人を好きになるのって、どうしてあんなに身勝手でせつないのでしょう。（Y）

◆地上げされた我が実家の跡に、ようやく建った巨大ビル。ウチの玄関にあったところにできたブティックに飾られているボディコンスーツと、自分の原風景のギャップに悩むこの頃です。落ち着いたらネ、と言いながら事務所の模様替えもしないまま三カ月たちました。雨ばかり降っています。
◆一年生になった娘は歌の文句どおり「友だち百人」をあっという間に作り、遊びに勉強にフル回転。九時にはころっと寝ています。
◆その娘のゆず子が生まれたとき、Y家から貰ったゆずの木に、今年はたくさん花が咲き、実を結びました。元気の出る思いです。「植物というのはね、苦しい状態の時の方が花も実もたくさんつけるんだよ」とは、園芸指導のYの夫の説。人間もそんなものかもしれないな。
◆最近大正生まれのボーイフレンドができました。電話で話したり、サイクリングしたり、毎日デートしています。ただ今取り組んでいるテーマは根津に昭和の始めまであった「春日」金魚屋。ご記憶のある方、写真をお持ちの方はお知らせください。これからしばらくは谷根千の原点に戻って、町の記憶をひとつずつ掘り起こしていきたいと思っています。

◆息子に布団敷いてと頼んだら「今日は布団のバイキングですから好きなのを一枚ずつお取りください」だって。（O）

◆借家式アパートも更新となり、千駄木高台暮らしも五年目。梅雨の前に少しはさっぱりしようと、畳と襖を替えた。水漏れするトイレも直った。子供は二階に追いやり、自分の部屋を確保した。

◆さあ仕事するぞ、と思うけど、子ども三人朝送り出すと、へたりこんで中島みゆきをCDで聴いてしまう。CD三千円財布から出すか迷った、といったら「そういうのは人間が卑しくなるぜ」とぽんと買ってくれた人あり。その人とゲームセンターに行っておもちゃのクレーンでぬいぐるみをつかんだり。こういう子どもっぽい遊びがわけもなくたのしい。

◆いまの私の元気の素は九十九歳岡本文弥さんのお話です。OのBFが七十代ならこちらは一世紀だ。一人で聴くのが勿体ない話。幸せ。きっと本にしますからその節はみなさん読んでね。見栄をはらない、やりたい事をやりたいようにやりたい時にやる。コツコツと仕事をする。庶民的ではありたいが低俗にはならない。見習いたいことです。

◆幸田文さんのお嬢さん青木玉さんにお目にかかったのも楽しかった。「森さんは実際よりも文章の方が練れてるわね」と見抜かれた。Yは「そりゃマユちゃんは実物より書いたものの方が数段上と思うよ。私は十年かかって分かったのに一時間で見抜くなんて、さすがにすごい」と妙に感心しておった。（M）

【其の三十七】　一九九三年十月二十日

謎は氷解するのか　キーワードは道灌山

「藍染川はもうひとつあった」

◆今年は夏らしい夏休みはなかった。その中で旧友サンドさんが住む月島を案内してもらい、佃の大祭を見た日は楽しかった。リバーサイド21は嫌な建物だったけど、古い町の方はちゃんと軒提灯つけ、格子戸の奥のちゃぶ台に祭りのご馳走をとのえ正しい「キンチョーの夏」をやってたのでうれしかった。

◆諏方神社も大祭りで、地響きのような太鼓に誘われ、子供五人連れて走っていった。天狗だの神官だの稚児行列だの鳶の木遣りだの、子供は固唾を呑んで見守る。行列に街頭生活者も混じってたのは良かったなア。らしくて。

◆CDをくれたお兄さんが「通俗をバカにしちゃいけない」というので、カラオケなるものの練習をはじめた。「加藤登紀子、イケルゾ。高橋真梨子は半音上げげナ。メモしとけ。ここで吉幾三をはさむと意外性があってウケル」とコーチは親切です。「やるじゃないか。文部省唱歌みたいな文章書くクセに」。あ、、やみつきになりそー。

◆白山の角のウィークリーショップで傘が安いので四本買いました。その日のうちに三本、柄が折れました。みなさん気をつけましょう。

◆カタログ販売で薄い隙間本棚を買って組み立て、畳に散らばる本を並べて悦に入る。がまだ床には一棚分くらいある。あなおそろし、本の蟻地獄。(M)

◆「湯島あたりのホテルの値段みといてくれない」なんてことを幼なじみからたのまれて、ホテルの看板を覗きながら36号を配りました。「最低で4500～、写真で部屋が選べるんだってさ。感じのいいとこは7000～くらい」と電話で答えながら〝ラブホテル建設反対〟のチラシが頭をよぎります。子どもも中学生……、ま、事情もいろいろあるのだろう。

◆銀巴里のオーディションを受けたMと、音大出身のOに囲まれ、歌の苦手な私は「カラオケはキライ」が事故《ママ》防衛手段です（同じような理由で写真撮影、勉強、ブラジャーもキライ）。が、行ってみるとOのライヴ聞きながらカラオケビデオを見るのが意外と楽しい。「東京ラプソディー」に戦後の上野が、「あの鐘を鳴らすのはあなた」に谷中墓地が。思わずビデオの中の谷根千探しになりました。

◆その中で、かぐや姫の「赤ちょうちん」の一節、「公衆電話の箱の中ヒザを抱えて泣きました」は、ひと昔前の下半分が見えない電話ボックスでなくちゃね。しゃくり泣きの姿が丸見えじゃ興ざめだよ。

◆「馬の瞳のように高く澄みわたった青い空がみえる」と半蔵門のビルで仕事する友人からの手紙。保育園の帰りに「荒川土手に夕焼けを見に行こう」と誘われる。秋だなあ。事務所の机から見える空は18本の電線の向う側。夜は切れめの入った羊かんみたいです。（Y）

◆じりじりと照りつける太陽の下、谷根千配達の自転車を押して団子坂を上る夢を見たのがウソのよう。涼しい夏でした。

◆タクシーに乗ったら、いいメロディーが流れている。運転手さんにたずねると、「夢去りし」。同じ曲を「鈴蘭物語」として淡谷のり子がリバイバルしたとか。「こんなのがお気に召したのならテープを送りましょう」といわれ、住所のメモを渡す。一週間もしないある日、見知らぬ名前のぶ厚い封筒がポストに入っていた。「この度はご乗車ありがとうございます」というナレーションから始まる懐かしい曲の数々。運転手さんの人柄がにじみ出た編集のテープ。三浦環のどこか調子のはずれたような声で「ローレライ」。感動ものでした。

◆この三カ月の映画はOの勝ちなんてあったけ

ど、実は二年前は一人で映画館に入れなかった私。30号以来Yの病気がうつり、時間が空けば映画に行くことを考えてる。そこへYが「絶対、クライングゲーム見てきな」。どんな映画でも映画館、入場料、割引日、時間、最寄り駅、近くのおいしい店、見どころ、出演者、監督までスラスラ出てくる。「そんなに頭につめこんで、疲れないの?」と聞けば「必要なときだけ思い出すもん」だそうで、事務所の通りに面した窓に「のり子の窓の看板ぶら下げて映画相談したら」と勧めているほどお得な人なのです。(O)

【其の三十八】 一九九四年二月十五日
遠くの親戚より近くの質屋
「質草のある豊かな生活」

◆生まれたばかりの子犬をバッグに入れて電車で持ち帰ったのは十六年前。そして結婚の時、犬は親元に預けたままだった。そのベルが地上げの被害にあって谷根千に住むようになって五年経った。

◆十一月下旬、子どもたちと散歩に行き「青信号のうちに渡りきれなかった」と帰ってきた時、すでに体はだいぶ弱っているようだった。獣医師の野沢さんの往診の後、ダンボール箱に入れ、室内で看病すること五日。スポイトで水を飲む元気さえもなくなった翌朝、ベルは逝った。

◆動物霊園で合同葬してもらうことにして、お別れに好物のゲインズパックン半生タイプと菊の花を供え、野辺送りした。苦しいとも痛いとも言わないで、じっと旅立ったベルへ、私のできる精一杯の感謝を込めて。

◆犬は人間の数倍の速さで年をとる。してみるとベルは九十数歳だったのかな。

◆生後すぐに我が家に来て、家の中でボールとじゃれていた頃、お手を覚えてごほうびをもらってた頃、少女となり大人になっても恋を知らなかったベル。私と同じ年頃になり、老犬となり死んだのだ。
◆その数日前まで子どもたちと元気でかけまわっていた。ごくろうさま、ベル。アンタの最期は見事だったと思うよ。
◆次の日曜日に赤羽のお墓に行くからね、ゲインズパックン持って。（O）
◆きっぱりと冬が来た。気に入ってる服で、秋口に着ると暑くるしそうで、冬になると寒すぎて着れない服ってありませんか？冬から春にも同じこと。季節の移り変わりって激しくて残酷なのよね。
◆人間もそう。三十半ばまではいつまでも徹夜できる。細かい字の本も読める。と思っていたのに、ガタガタと目にきて歯にきて、ひざに来る。この冬は除湿機と空気清浄機を買うつもりです。なんだか家の中が湿っぽくてカビ臭くて。
◆浅草に〝荷風のオペラ〟を娘と見に行った。例のフランス座でやる芝居。時間がなくてタクシー乗りつけて一万円出したら「お客さん、釣りがないからくずして来てよ」といわれ、降りてみたけどどこも駄目。あせってたら、通行中のヨレヨレかばんのひげづらのオジサンが「替えてあげよう」と財布からヨレヨレの千円札を十枚出してくれました。一瞬のことで、よく分かんなかったけど、あれは神様だったのかなあ。
◆うちの裏の解剖坂を通るとき、末っ子の宙は必ず十二段目で手を合わせてお祈りするんだよね。どして？と聞くと、「ここに死んだ人が埋められてるんだって」と。そういえばよその子もしてる。町の伝説なのかな。
◆私の関心はカラオケから目下、浪花節にうつりまして、古いCDなど聞きつつ、「神崎東下り」などうなっております。（M）
◆初めての海外旅行にまもなく出発。嬉しくて足が地に着いていない感じです。
◆私の知る外国はいつも映画の中。「秋菊の物語」

（中国）、「友だちのうちはどこ」（イラン）、「ふたりのベロニカ」（仏＋ポーランド）などを観ると、知らない世界を愛せる気がしてきます。

◆この町に住んでそろそろ十五年。居心地の良さを「駅と銭湯がくっついているの」と自慢する。だって千駄木駅の左隣が大菊の湯。最近マンションの風呂場がとても狭く思えて、しょっちゅう行くの。

◆大菊の湯には三つの湯舟があって、ひとつは乳白色の薬湯。いつもはぬるめでのんびり入れるのに、なぜか昨日はものすごく熱い。私の横で手を入れたおばあさんも「オットー」とあわてて手を引っ込め、「ちょいと、薬湯んとこもんでくれない」とドアの奥へ声かけた。するとお兄さんが板を抱えて出てきて、湯もみをはじめた。「湯をもむ」という言葉と、お兄さんの手つき腰つきがすっきり似合っていて、自分が裸なのも忘れてみとれてしまった。

◆それにしても、ガキを除けば、私が一番若そうな女性だったのに、お兄さんは一瞥もしなかったなあ。大菊の湯から須藤公園の脇を歩いて家まで三分。だから、うちに遊びにくる時は駅でひと風呂浴びて、体の芯まで暖まっておいで。ビールを冷やして待っててあげる。（Y）

【其の三十九】　一九九四年五月三十日
おりたらのぼり坂
「谷根千　坂物語」

◆事務所の隣家を壊すショベルカーが動くたびに家が揺れる。埃で目はショボショボ、鼻はグズグズ、くしゃみも止まらない。これじゃ仕事できないよォと嘆いたら「山崎さんのは埃のせいじゃなくてヤネセンアレルギーじゃない」と多児さん。ホントに春は仕事なんぞしたかない。

◆十五年前に安くて広くて静かで日当たりのよい

とこに住みたいと、早稲田で都電を降り、駒塚橋を渡って胸突坂を上り、テクテクとアパート探し。気がつけば団子坂下。ここでいい部屋みつけた。

◆千駄木一の四。その昔太田様のご家来だった前川家の二階。大きな床の間に飾り棚のある八畳、丸窓のついた六畳、を間借りする。風呂ナシで四万五千円。自生の蕗、茗荷、柿を食べ、山吹に囲まれた幸せな三年間が過ぎ、前川さんは事情あって土地を手放し取手に越した。

◆また部屋探し。D坂マンションは須藤公園の脇、駅から一分。六畳と八畳の台所で当時六万八千円。長屋もどきの近所が嬉しく、子どもふやして十一年、今や人口密度は他の追随を許さず、広い部屋求め去りゆく友を笑って見送る。

◆近ごろまた部屋探し。子ども三人は嫌われ者。おまけに予算は微々たるもの。やっと見つけた二DKも、遠まわしに断わられた。

◆「およしなさいよ。五人家族でこの部屋じゃあ、ちょっと狭すぎるわよ」。（Y）

◆取材が先か、金策が先か、毎日悩んでいるうちに、やっぱり四月発行は難しくなった。すっかり初夏ですね。

◆坂巡りの途中、日暮里南公園でひと休み。子どもが多い。鳩も多い。羽根を膨らませた雄が、細身の雌の後をよちよちついて廻る。

「ネエ、ケッコンシテ?」「ヤーヨ」「ソシタラオレ、ナンデモヤルカラサ」「ヤーヨ、シツコイワネ」「ヘン、ジャアナ」……次の雌見付けて……「アッネエネエ、オレトケッコンシテクレナイ?」……延々とつづく。

雄は蹴られても、無視されても雌の後をついて廻るのをやめない。動物の本能って悲しいね。

◆大給坂を通る時、きまって思い出すのはイソップ物語のロバの話。子供が乗っていると「親不幸な息子」といわれ、親が乗っていると「子供を乗せないなんて人でなし」といわれ、親子で乗っていると「ロバがかわいそう」。そして二人はロバを担いで歩くという結末。
◆坂下から助走をつけて一気に上ろうとして途中で断念し、フーフーいいながら押している時、人とすれ違うと「親不幸な息子」を乗せたままなのに気が付いて例のイソップ状態に。すると突然子供がひらりと自転車から下りて「親孝行な息子」に変身。自転車は担がずにスタコラと後押ししてメデタシメデタシ。（O）
◆ミニコミの後記がよく財政難を訴えてるのは見苦しい、と、他人事に思っていた。金がないならやめればいいんだ。武士はくわねど高楊子。顔で笑って心で泣いて雑誌くらい明るい目つきで売りたい。
◆しかしバブルはじけて以来、たしかに「谷根千」は売れない。正月も、常夏のホンジュラスにトンズラの二人はルンルン、私は一人天王寺門前にふるえながら立っておったぞ。最初の一時間、一部も売れず。となりの植村さんの「米つぶの七福神」はすごい売行き。苦しいときの縁起物頼みはしてもおまいりついでに活字を買う余裕はないらしい。
◆で、どうしたら売れるか、毎日〝三人文殊〟である。「自転車に大きなのぼり立てて町中走る」「根津駅頭でチンドン屋をやる」「いままで谷根千読んで少し幸せになった人から喜捨を受ける」（じゃヤな気分になった人には慰謝料払わなきゃ）なんていつもながらのY。
◆私めは小劇場の看板女優（!?）よろしく外で身売りしてますが、あと約一名、Oをイラストレーターとして売りだすのはどうだ。こんな生活感あふれるあったかいイラストを描けるヤツは少ない。大いにご吹聴下さい。Mの文とセットでも可……千駄木売文社。
◆それらしき匂いただよい晩めしは　ライスカレーかと心浮き立つ　文弥　こんな風にたのしく百歳迎えたい。（M）

【其の四十】一九九四年九月十日

長生きのおすそわけ

「文弥百歳　谷根千十歳」

◆谷根千は40号になり、私は40歳になった。

◆牛乳を買いに町に出たら、不動産屋に西片町四千万の売家が出ていた。無理すれば買えるかしら、とフラフラと店内に。

◆と血迷ったが買うのはやっぱり無理。この前もお寺さんの境内借家が空いてるかしら、と見せてもらって、私はこの東京にここしか住むべきところはない、と思った。風通しが良く、設備がよいのがなによりである。前の家はものみなかびる家だった。

◆さて引越しに男手がないのはつらい。引越業者に頼もうと思ったが、なにせ散らかり放題、梱包する時間もない。ダンボールに投げ込んでは一つずつ自転車で運ぶという愚かしい引越しをやったが、これは実にためになった。生活とは何なのか、根本的に考えるきっかけになった。

◆実に不用なものが多い。何年かしまい込んで使わないものはすべて捨てた。ハイヒール、ストッキング、ハンドバッグもすべて捨てた。食器、調理器具も半分捨てた。絵本も捨て洋服も捨て、本はダンボール五箱、捨てた。腸の掃除のようである。

◆新しくは何も買わなかった。何日かはテレビも映らず、電話も鳴らず、新聞も来ず、郵便も届かなかった。実に落ちついた暮し、と喜んでたら郵便局の人が来て転居届を出してない、と叱られた。(M)

◆Mに先立つこと三週間、私もめでたく引越した。家賃のこと考えるとちっともめでたくはないけれど、たった百メートルの移動は楽ちんだった。谷根千の子らと近所の子らで荷物のピストン輸送。「ちわ！ジャリネコヤマトでーす」などと、ナカナカ楽し気にやってくれる。

◆「ずいぶん子どもさんが多いんですね」と新しい隣人に声をかけられた。笑顔の下に隠れた不安な表情。そりゃそうよね、こんな子沢山が越してきたら私だってめげちゃう。「いえいえ、うちの子はこの中の三人で……」となるべくおとなしそうな子を指さして安心してもらった。

◆朝起きたら窓の外の猫と目が合った。寝姿をじーっと見てたな、こいつ。私が体を動かすたびに一歩ずつ後ずさりする。立ち上がって窓に近寄ると、振り向き振り向き姿を消した。夕方、サンダルの上で寛ぐ猫。気配に目を開け、またじーっと見る。近づくとゆっくり腰を上げた。

◆犬猫ご法度のマンション住まい。だが、どうもこの猫、前の住人の置土産らしい。あるいは猫の意志で飼主と行動を共にするのを拒んだか。オイオイ、私が知らんぷりしている間に、すっかりうちの子をてなずけおって。

◆愛読のシティロードが廃刊。しかたなくぴあを買った。半月映画館へ行かないと欲求不満で見悶えしちゃう。活字じゃ心の隙間は埋められないものなのね。(Y)

◆ただでさえ、熱帯夜で寝苦しいのに、ワールドカップの放送で深夜テレビにかじりつき、睡眠不足の毎日。やっぱりブラジルは強かった。

◆そんなにサッカーが好きならとJリーグのチケットを譲ってくれる人あり。うれし。国立競技場の夕暮れにビール片手にサッカー観戦とは、夏の正しいすごし方。ヴェルディ対フリューゲルスの一戦。競技場内は心二つにして興奮のルツボ。ヴェルディは若い女子のファン多くして応援は女性合唱。対するフリューゲルスは混声合唱だった。

◆ある晩、夢にヴェルディのラモス選手、登場。ヒャッホー。かっこいいジャケットを持って来て「これ、シノバズノイケのバザーにダシテヨ」。「あぁ、ラモスさん、あなたも駐車場計画に反対なのね」

と感激のつぶやき。内心、バザーに出す前に自分で買っちゃおうなどとちゃっかり思ったりしてね。
◆ラモスが走ってると元気が出るよ。同い年だもんね。私もがんばるよ。
◆というわけで、水曜、土曜の夜は会合もできるだけやめて、きちんと七時には家に帰り、子どもにはしゃべりかけるなと言い聞かせ、二時間テレビの前に正座。第二ステージはどこが優勝するか。浦和レッズがんばれ!!サッカー三昧、ノーテンキなわたしにやっとなれた。これでいいのダ。（O）

「よしこは見ていた」

この頃、妙に財布が軽い。なぜかなあ。あっと気がついたのは若い人と飲んでるとつい私がおごっている。ちょっと前まで最年少で一人女性ということが多くていい目にあってたのに…

41号から60号
1994年12月～99年12月

山﨑範子

【其の四十二】一九九四年十二月二十五日

詳註「吾輩ハ猫デアル」

「夏目漱石の千駄木」

◆漱石って人は情がある。「何で予習をしてこない」と叱った藤村操が華厳の滝で自殺すると気にやむ。髭面の紋付羽織の学生が片手を袖口から出さずニヤニヤしているので「君手を出したまえ」と癇癪を起こした。がこの学生片手がない。

◆「僕もない知恵を出して講義しているのだから、君もまあ、ない手でも出したらよかろう」――これが漱石の苦しまぎれの悲痛な冗談だ。昨今の差別用語問題を考えるとき、このくらいの人間味で、つまりユーモアで処したいと思う。

◆実に、「吾輩」はいまでいう「差別用語」に満ちてはいる。一例。金田の鼻子が「車夫、馬丁、無頼漢、ごろつき書生、日雇婆、産婆、妖婆、按摩、頓馬に至るまで使用して」スパイするならこっちも、と吾輩は金田邸を探索に行く。韻を踏んで痛快だが、いまなら使えまい。

◆先日、岩崎邸について私が某雑誌に書いたルポは、その筋のお達しにより、車夫、馬丁→使用人、庭師→使用人、女中→使用人カッコ女性などと変更させられた。校了間際で編集部が困っているので応諾したがひどいものである。東京の坂どこにもいた〝立ちん坊〟のくだりはカットされた。これも歴史の抹殺である。

◆馬年なので秋はどうしても肥える。細身の漱石とでっぷり太った鏡子夫人の仲人写真を思い出した。痩身の芥川の夫人文さんも十六貫あったそうである。（M）

◆暑かった夏にもちゃんと終わりがあることを教えてくれる今日この頃です。

◆前号の鼎談「デスマッチ」を読んだ方から「十人目は誰が産むの」との問い合わせしきり。誰でしょう？　なんてうそぶいていたが、実は私なの。

九月まではナンちゃっておばさんしようかと思っていたけれど、今は体動かすのもおっくう。地下鉄の階段がつらい。歩くのもいや。だから自転車に乗ってると「もうやめなさい」って怒られる。私の勝手でしょ。
◆臭覚が敏感になり、コーヒーもビールもタイカレーもすべて嫌になり、菜食とカルシュウム摂取の日々。他人が酒盛り始めると、何でこんなに呑まなきゃいけないのかと呆れるね。
◆というわけで、家の仕事を三人の子供にも分担、星座早見盤みたいな当番表を作った。玄関の靴揃え、洗濯たたみ、風呂掃除、布団敷き、食器洗い、掃除などなど。六歳になった次男は初めての風呂掃除にとまどったが、やる気充分。同じ仕事をやるのでも子供のアイディアでやってくれるので、見ていて楽しい。
◆六年半ぶりの新メンバー加入に伴い、毎晩名付けコンテストが開かれる。「ウルバリンはどお?」「銀行で名前呼ばれたら恥ずかしいよ」。変なカタカナの名ばかり。今のところ、あきひこのアとゆずこのユとみずきのミをとって「あゆみ」という長男の案が最有力候補。(O)
◆引越して五カ月、一番の変化はトイレの時間が長くなったこと。生まれて初めて洋式トイレの生活です。Oが本を読むならトイレか電車だ、といっていた意味がようやく身に染みてわかった。
◆「もういいかい?」「まだまだ…」小さいとき靴隠しをしていて、ひとんちのトイレの窓を開けて投げ入れたのが最後まで見つからなかった。あの靴、どうしちゃったんでしょ。当時、店舗付き長屋に住んでいて、そこのトイレは板一枚渡した別棟で、手前が男子小便用、奥が女子用かつ男女大便用でありました。間仕切りの上に二〇ワットの裸電球ひとつ、窓を開ければ無花果の、寒くて暗いがしみじみしたトイレだった。
◆まだ続く厠の話。鷗外図書館のトイレは相性が良くて必ず寄る。谷中コミュニティセンターも好き。逆に、谷根千のは男性に不便で、汐見会館のトイレ用下駄は小さい子に履きづらい。文林中学は古くて汚く、生徒が膀胱炎にならないか。
◆さて、四十一号は編集者役得の日々で幸せでした。最たるものが、信州飯田行きと奥本大三郎さんとの散歩。散歩のあとに夢境庵でひと休みして「蕎麦屋で飲む」という長年の夢も果たしちゃった。
◆夢っていえば、トイレに行く夢をいくら見てもいまの私の布団は大丈夫。ね、大人になるってすごいことだと思わない？最後までゴメン。（Y）

【其の四十二】　一九九五年三月三十日
加藤勝丕調査ノートを道しるべに
「廣群鶴《こうぐんかく》と谷中の石屋」
◆阪神大震災の報はラジオで聞いた。東京のように離れた場所にいても、地震前と後では物の見方や考え方が変わった。
◆今まで「震災前はね」とか「それは震災後のことよ」という言葉を、大正十二年九月一日以前か以後かと、時代区分に便利と聞いていた私。当然だがそれは違う。「前」に続く長い「後」で、感性や風景や価値も変わる出来事を指すのだ。
◆晴れた土曜日、池の端で重そうな振り分け荷物を背負った尾臺さんに会う。愛犬コロ子を先に戻したので、途中で待ってやしないかとバスにも乗らず歩いてきた。私の自転車に荷物を乗せ、一緒に三段坂を上る。コロ子は無事帰っていた。荷物運びのお礼にとおおきなミカンを三つ。
◆あれ、尾臺さんちの隣に古道具屋が開店している。おお、湯たんぽの袋を売っているじゃないか。縫おう縫おうと思いながら、タオルにくるんで使っていたのだ。谷根千事務所の冬は寒い。外より寒い。ストーブ一コじゃとても暖をとるには足りない。アンペアもコンセントも少ないので電気製品をやたらと使えず、足元に湯たんぽなのだ。古道具屋のナウくてカッコイイお姉さんが、おつりを渡しながら私にいう。「湯たんぽを使っているなんてオシャレな事務所ですね」。

◆この春必見の映画は「東京兄弟」と「忘れられた子供たち」。日本映画をつまらないと言うのは、どこのどいつだ‼（Y）

◆阪神大震災。人ごとではなく絶句。16号井戸、24号関東大震災特集ご再読下さい。在庫あります。残部僅少。

◆石は残る。正史には残りにくい一人一人の事蹟や友情や家の歴史が墓に碑に刻まれていく。谷中ほど全国のさまざまな石や書の集積地はないでしょう。

◆「谷中スケッチブック」に書いた石工さんにまた会いました。相変わらずニコリともせず精悍でカッコイイんだ。「取材なんてやだね。十年くらい前あんたみたいな高校生が調べに来たけどな」。まさか、あれ私です、とも言えなくて。

◆カタい仕事で口もカタい石屋さんをあの手この手で口説いて聞いて特集が出来ました。谷根千なんかに目もくれないイイ男たちです。見本誌をさしあげようとしたら「興味ねえなあ」。

◆二月三日、雪の日、ふとんの中から窓ガラスごしにしんしんと降る雪、お寺の屋根に積もる雪を見ていました。

◆「障子戸あけると庭の紅梅が間近に見えるのがうれしい」と娘がいいます。境内には月ごとにちがう花が咲き、いまは梅と椿。となりの寺の桜が待ち遠しい。

◆春よ、来い。といっても谷根千の出演者は変りばえしませんが。その前に風邪をひかぬよう。ぼんやりしてる、熱っぽい、仕事がどうも進まない、と思ったらそれは恋の引きはじめ。早く寝よ。どうやら花粉症でした。（M）

◆シシャモの生活にとうとう別れを告げた。産院に着いて30分。2・26事件と同じ雪の降る日に超特急娘「あゆみ」の誕生。
◆退院したのも雪の日。家に着くや「あ」と「ゆ」と「み」の兄姉3人に囲まれ、母など居場所なし。必要なのは授乳の時だけ。これから続くホルスタインの日々。人間てホニュウ動物なのね。
◆「あゆちゃん」と呼ぶと、みずきお兄ちゃんがオコる。「だってボクのみずきの『み』がないんだもん」ごめんごめん。
◆というわけで、三月いっぱいお休みさせてもらいました。YさんMさんおせわさまでした。（O）

【其の四十三】　一九九五年七月十五日
時計を持たず家を出よ！
「私的町歩きのススメ」

◆「じゃあね。バイバイ」。あっけらかんと手を振るYを見送りつつ、爪を噛む私。今度はボリビアなんだって。
◆出産からこのかた、お世話になった人の数知れず。乳腺炎になりそうだったのを救ってくれたけんちゃんママ。アリガトウ、助産師さんでよかった。家で美容院を開いてくれた本多さん。おかげですっきりしました。子守付きで映画の券をくれたY。なかなか♡よかったよ、またお願いね。次男を毎朝保育園に送ってくれた斉藤さん。感謝感謝。何とかやってこれたのも皆さんのおかげです。持つべきものは友達だね。このご恩は直接お返しできないかもしれないけど、きっと誰かに返すからね。
◆一年の息子のクイズ。「食パンとメロンパンとジャムパンが歩いていました。トラックが来ました。轢かれなかったのは誰でしょう」「？・？・？・」「わからないのおかあさん？・」「メロンパンはおいしそうだけどねえ」「答えは食パン。だってミミがあるでしょ」。ナルホド。

◆対して、私と六年の息子の会話。「少しは勉強したら」「僕にとって生きることすべてが勉強です」。「運動会の写真、学校に貼ってあるなら二、三枚買ったら?」「今を生きる男オーギアアキヒコに過去の写真は必要ない」。一年生と六年生の差。これをもって成長と言っていいのか。(O)

◆谷根千はじめて十一年。地域内未踏の道も多かった。不思議なものを見つけては、見知らぬ人に声をかける。作業の手を休め、答えて下さった方に感謝します。逆の立場なら「今忙しいので…」といいそうな私。あーあ、雑誌づくりのずうずうしさよ。

◆友人に会いに南米ボリビアに行きました。標高四千メートルのラパス空港に降り立ったとたん高山病でバタリ、の予想は嬉しくはずれ、暢気な旅でした。にしても、高所を歩くのに早足は禁物。

◆標高五千四百メートルのチャカルタヤ。でこぼこ道を車で登る。途中、羊やリャマに出会いごっ機嫌。車を降りて最後の二百メートル。十歩進むと心臓が飛び出しそう。腰を下ろして呼吸を整え、やおら立ち上がりまた十歩。すぐそこの頂上は、果てしなく遠かった。その帰り、サッカーをする子どもの姿。強いはずだよ。

◆ガラリと環境を変え、アマゾン支流で魚つり。ボリビア・日本混合の七人。三匹の釣果。なんとこのうち二匹は私が釣ったのよ。肉を針にひっかけて、釣り糸をカウボーイよろしくクルクル回して、スパッと投げ、入れる。魚はパッと食いつき、あっという間にエサはなくなる。皆がのんびり昼食の間も、私はひたすらクルクルスパッ。こーんな大きなピラニア釣って、糸巻くひまもなく陸地に向って走ったのだァ!(Y)

◆他人さまの世話になりっぱなしの三十代がすぎ、今年からは生活が大幅に変わりました。子どもたちが自立して、「じゃ行ってくるね」で出かけても、帰ると食事、掃除、洗濯、風呂がすんで寝てる。よくここまでしつけたものよ。これまでも遊んでた人生だけど、もっと命がけで遊ぶのじゃ。

◆というわけで三ヶ月楽しかったこと。吉村武夫さんと駒形どぜう。「明治粋人奇人伝」（ちくま文庫）買ってね。九品仏の河口慧海の碑を見た／田山花袋について話しに三重の名張へ行った／上杉清文「明治嵐ヶ丘」はすごかった／「一九九五・一月・神戸」（みすず書房刊）も感動／田戸正春の上野・三宜亭の建物見つかる／板谷波山展もバウハウス展も良かったア！／「彷書月刊」グループと谷中墓地花見で悪酔い／外骨にのめり込んだおかげで吉野孝雄さんに会えた。横田順彌さんにも会えた／「明治不可思議堂」（ちくま書房）はお勧め／三百人劇場の「中国映画祭」はありがたい／歩いて十分で「覇王別姫」や「紅いコーリャン」が見られた／寺島珠雄さんの詩集「片信録」（エンプティ）が出た会で坂井ていさんに会って、前稿の伊藤信吉さんの展覧会にくっついていく。水田ふうさん、向井孝さん、小山和郎さんに会えた。悲しいことは忘れよう。ヤマサキノリコ式に「人にはやさしく、自分は楽しく！」（M）

【其の四十四】芸術家のいた喫茶店　一九九五年十月二十五日

「リリオムの時代」

◆今年の夏はバテました。もう八月の二十日過ぎには見るもの聞くもの頭にひっかからず、嫌になってた。それにひきかえ、子供たちはエライ。

◆中三の娘は自ら夏期講習に行くといいだし、生まれて初めての塾は楽しみだ、と抜かし、毎朝、寝ている私を尻目に自分でコンビニでおにぎりと牛乳を買い、紺の制服でバスに乗って講習に皆勤してケロッとしていた。二学期になり、プリントでクラスメートの作文を見ると、「お母さん、毎日おいしいお弁当を作ってくれてありがとう」などとあり、弁当を一度も作ってやらなかった母は冷汗。

◆男の子二人はこの暑いのにアンダーシャツの上にユニフォームを重ね、バットとグローブを背負って野球の練習に試合にと出かけて、毎日どろんこで帰ってきては、自分で洗濯して干していた。曰く「お母さんに頼むとベルトやサポーターがみんなどっか行っちゃうんだもの」。

◆お宅は「親はなくとも子は育つ」ではなく「親がいたって子は育つ」だね、といわれる。夏の夜、夕食の後四人で本屋へ行ったり、チョコレートパフェを食べに（私はビール）行ったり楽しかった。

◆十七号以来久々に大感動の特集でした。こんな風に純に、ひたすらいい仕事することだけを考えて生きていられたら！もっともっと紹介したい手紙や日記もあるのですが。（M）

◆「暑い夏にも終わりがある」と書いたのは去年の冬。今年はもっと暑かった。でもやっぱり終わりがあったのだ。なぜ九月になるとぴったり秋になるのかな。

◆サッカー三昧は去年の夏。今ももちろん好きだけど、なんといっても今年は野球。オリックスばんざ〜い。仰木監督おめでとう。こうやってワープロ打ってても、仰木なんていう名字は単語登録してないと、おいそれと出てきやしないんだ。その仰木という字が、毎日毎日新聞広げるとプロレス見出しで出るわ出るわ。「仰木マジック」「仰木の舞」「仰木語録、猫の目打線」。これで私も「こーぎサン」「ぎょーぎサン」「やなぎサン」「あおぎきサン」と呼ばれないで正しく認識されるかも。やーメデタイメデタイ。

◆ある日、家に帰ってみると取り込んだ洗濯物がきちんと畳んである。やっと家の子もこういうことができるようになったんだわ。「ウレシー。だれが畳んでくれたの」と聞くと、「ゆっぴー」と子どもたち。げっ、これはこれは、恐れ多くもＭ家の長男サン、いくらしょっちゅう我が家にいるからって、よその家の洗濯物まで畳むとは。「だって、ボク洗濯物畳むの好きになっちゃったんだ」。翌日、「自分のモノ畳みなさーい」で飛んできたのは三年生の長女だけ。他の二人は「ゆーっぴー呼べばー」だって。なんちゅう子たちじゃ。（O）

◆リリオム……と聞くだけでも胸つまる。一九三〇年代の青春の波がザバーンと頭からかぶさった気分です。あー、このビリビリ感をあなたに伝えたくて。久々に三人でドツボにはまる。今回特集担当のＭの目はもう真っ赤です。（エッ！ただの徹夜明け？）

◆私の場合は一九七六年のフォークだな。西川口のグランドキャバレーの隣にあった喫茶店。朝七時に開店、よく行った。「のりちゃん、顔じゃないよ人生は」、と相談にのってくれた人は、マスターじゃなくアルバイトだったんだろうな。

◆そのリリオムのあった団子坂下にあるバオバブ。そこでスズキコージ展があった。青山や吉祥寺まで観にいくスズキさんの絵を千駄木で堪能しようと会期中に三回行った。けど、まだ満たされない感じ。また行こっと。

◆この夏、草風館という超零細出版社から「アイヌ植物誌」という本が出た。植物のイラストは佐藤寿子さん、千駄木在住。出版社と佐藤さんの縁結び役のごほうびに、早稲田のアイヌ料理店「レラ・チセ」でごちそうになった。アイヌ料理は夏バテの体にやさしくうまかった。

◆パンパカパーン。すごいもん観ちゃった。これが今年の私の観た映画ベストワンになるのは疑いなしなのだ。大迫力に恍惚状態となった。おーおー。その名は「プリシラ」だ。（Y）

【其の四十五】　一九九五年十二月二十七日
サトウハチロー記念館を弥生に残して下さい
「サトウハチローが好き」

◆今年は楽しい一年だった。「東京兄弟」も「レオン」もいいが、なんたって「プリシラ」が観られたし、五年に一度の感動小説「スキップ」（北村薫）が読めた。

◆十七歳の少女が昼寝から目覚めると四十二歳になっていた。十七歳の感性は、四十二歳の肉体と惰性を容易には受け入れられないのだ。でも、中年の体を生きる若い精神は輝き、そして切ない。私だって目を閉じればすぐ十九歳。でもでも、なんとなくの毎日、ダボダボした腹、目尻のシワ、生え際の白髪……だめだこりゃ。

◆池袋近くで生まれ育った友人は、十五年前に好きになった人と連れ添うために、広島の尾道へ行った。彼の実家は因島の雑貨屋さんで、店を手伝うために島へ渡る。「すごーくきれいなとこよ、喫茶店もないの」と、楽しそうな電話をよこした。毎晩ディスコで踊っていたアンタが、いつまで続くのか心配してたけど、いつの間にか二人の男の子の母になった。

◆その彼女から近頃頻繁に電話がくる。近所付き合いがイヤ、みんな私の悪口いってる気がする、ホントの友達ができない、ねえ、私死ぬまで尾道にいるの……。ダンナに相談すると、「病院でも行ってこい」といわれたんだそうだ。アンタを抱きしめに行きたいよ。

◆高知の義母から手紙が届く。「裸の自分を鏡で見ると情けなくなる」。母は八十五。人間は一生悩むのだね。（Y）

◆三年半ぶりに『不思議の町・根津』のファイルをのぞいたら、当時頂いた手紙が出てきた。亡くなられた方が多く、しばし呆然とした。恩師藤原保信先生からは、「お暇の折りには研究室を訪ねてみて下さい。悩んでいることでもあったら。最後にひと言。初心を忘れないように」。

◆十一号の表紙を書いて下さった押田次弘さんから「ハートフルな文体に土地っ子としてはじーんと来る。つまらん下町かたりの文士、評論家に読ませたいョ。著者近影、さみしそうなのがチト気にかゝるなあ。何はともあれ祝す！」

◆諏訪優さんの書評。「さて、この本を読むと、わたしが〃根津〃に関して知っていたことが、いかに浅かったかが思い知らされ、本書による発見が随所にあって、これからの散歩がまた楽しくなりそうなのである」。諏訪さんの散歩姿は見られない。

◆でも、余韻はどこかに残っている。今は亡い人たちとの友情。そしてかつてこの町を歩いた一葉や漱石や林芙美子など、「見ぬ世の友」。

◆今も元気な友達より。京都の上島聖好さんは「〝Here I am, I ought to be.〟（私はここにいる、いるべきところに）」というアイザック・ディネーセンの言葉を。毎日新聞の尊敬する奥武則記者は「〝Let's whistling under any circumstance.〟深刻ぶるのはいけません。」そうですね。（M）

◆「赤ちゃん元気？」「はい、お陰さまで、風邪もひかず」などと挨拶すると、決まって次の日に熱を出す。十二年も愛用していた螢茶碗を自慢すると次の日に割れてしまう。谷根千の配達にいって、お店に入る前に領収書を書くと「またにしてくれる？」

◆こういうジンクスがあるから、私は挨拶はウヤムヤに、自慢は程々に、集金は店に入ってからと決めている。

◆そういえば、事務所のヤカンも壊れてしまった。覗くと、底に小さな穴が三つ。ここで問題です。「水は三秒に一滴落ちます。二リットル入るこのヤカンに、何リットル入れて沸かしたら、水がなくならないうちに最も熱効率よく沸騰させることができるでしょう」。悩まないでください。

◆先日「ケニアのマサイ族の家に一週間暮らす」という体験記をテレビでやっていた。マサイの人たちは牛の頭数が財産。日本の青年に「おまえはなぜ牛を持たないのか?」「牛も買わないのに稼いだ金は何に使うのか?」「マンションというのはどんな住まいか」「道があってよく迷子にならないな」。牛の糞で固めた家に住み、大平原で暮らすマサイの人たちにとってはもっともな質問だ。牛の脂を体に塗ってハエのたかっている人ほど金持ちという。いってみたいなあ。世界は広いのだ。良いお年を。(O)

【其の四十六】　一九九六年三月二十七日
木霊《こだま》を聞きながら
「木の伝説」

◆正月早々、風邪の菌が家中を練り歩き、二月になってとうとう一家全滅状態。呪われた仰木家であった。やっぱり前回、後記にあんなこと書かなきゃよかったな。
◆及川裸観《らかん》さんの書いた本に、子育ては笑いを忘れてはいけないとあった。そうか。先日あゆみの前で悲しい顔をしたら、一緒に泣きだしてしまったっけ。ゴメンネ。今日からうちもニコニコ道場だ。
◆三月末までに、有限会社谷根千工房の資本金を増資しなくてはならなかった。そのための社員総会議事録が抱腹絶倒もの。「平成八年一月三十一日午前十一時より、東京都文京区千駄木二丁目二番四号の当会社本店において社員総会を開催した。……云々……以上法定数に達したので、代表取締役山崎範子は議長席に着き開会を宣し、次の議案を付議したところ、満場一致をもって下記のとおり可決決定した。」役目上、一応真面目に読み上げたが、そのたびに「会社本店だって」とか「議長席に着きだって」と涙混じりに身をよじって笑う他約二名であった。これもひとつの笑いかな。
◆そして谷根千は営利企業か？という話に及ぶ。「利潤を追求しない会社だよ」「会社なんだから、少しは利潤を追求しなくちゃ」といろいろ出たが、結局今は「絵入り企業」ということで一件落着。
◆うちのみずきが鼻を垂らしたら、これがホントのハナミズキ。ああ汚い。（O）
◆正月明けにM姉に誘われて恵比寿の写真美術館に行った。私には地下の「アニメーション」展のほうが楽しかったが、隣にある恵比寿ビアホールのほうがもっと魅力的だったので、早々に場所を移し、しこたま飲む。まずは幸せな年始め。
◆中途で引き上げたアニメ展に心残りがあったので、今度はホンジュラス帰りの鈴木青年と子どもたちを連れて、再度写真美術館にいった。やっぱりビアホールに足が向く。今日もよき日。
◆数日後、NHK日曜美術館で、私たち擬製家族アニメ相手にピョコピョコ跳ねている姿が写っていたと友達から電話あり。その友達とまたまた恵比寿へ。もちろん帰りはビアホールで、三度楽し。
◆遊び三昧していると不便も忘れる。三人お揃いで買った一万五千円のCDラジカセ。M家、O家に続いて私のも壊れちゃった。事務所のコピーも動かない。Oのワープロプリンターの調子も悪い。FAXは五行に一度文字が潰れる。玄関の電気スイッチの根元が折れ、湯沸かしのガス栓は途切れたまま。ハサミはいつも見つからない。ついでに台所の床がきしんで魔法瓶が落ちた。
◆欲しいものを数えたら両手では足りなくなってきた。そこで三人文殊。ヤカンの次はコピー機を買ったのだ。写真も鮮明。ズームもバッチリ。何でもっと早く買わなかったのかしらん。ちなみに五年リース。でも谷根千、五年もあるかしら。（Y）
◆久しぶりに町の大木を見て歩き、心ほどける時間がありました。どんなに嫌なことがあっても、谷中墓地のいちょうや白樺、椎の木を見ると心が癒されます。
◆でも腹立つこと多いですね。「住専」。これは税金じゃなくて、銀行家と官僚の個人責任を問うべきですね。朝日新聞で佐高信さんが、母体行も含め、バブル期に一億二億の退職金をもらった銀行家は責任をとって退職金を返すべきだ。それで補塡できると発信していました。正論だと思います。
◆日本では個人は会社からうまい汁を吸うだけ吸って、駄目になると頬かむりです。拙著『明治東京畸人傳』（新潮社）で昭和恐慌の時の渡辺銀行の話を書きました。あのとき官僚・政府の無策・失言が大きかったのに、渡辺一族は別荘も売って私財は全部出したんでした。
◆臨海部開発で大穴あけた鈴木俊一前都知事も退職金はもちろん、私財も投げ出して穴埋めして欲しいですね。「バブル崩壊は予想できなかった」なんて、専門家のいう言葉かしら。文京区の遠藤区長もそんなにシビックセンターを建てたいなら私財も相当注ぎ込んだら。税金で建てたどの公共建築にも自分の名前を刻んでいるんだから。
◆娘の高校受験が終わりました。偏差値に振り回されず、自分で学校を選び、願書を出しに行き、発表も一人で見に行った娘を見直した。人生勝負はここじゃないぞって、学校中の子を抱きしめたい。（M）

【其の四十七】　一九九六年七月二十八日
宮武外骨、過激なるジャーナリスト
上野桜木町にて新雑誌創刊！
「外骨の住んだ町」

◆わが家では長女が高校生、長男が中学生となり、何かと忙しい春はすぐ夏になった。三月三十日、朝日カルチャーセンターで「ジャーナリストとしての外骨」をはなしたことから興味が再燃、今回の外骨特集となった。松田哲夫さん、吉野孝雄さん、河上進さんありがとう。

◆その河上くん（谷中在住）の出している「物数奇（ものずき）倶楽部」、前に紹介した「おこづかいは五百円」のさえきあすかさん、「萬」の田端ヒロアキさん、そして最近では、アクセスでわが「谷根千」を押え雑誌売り上げ二位に輝いた「日曜研究家」の串間務さんたちと今週末、はん亭で一杯やるのが楽しみ。若い人たちが次々面白いミニコミを作り始めた。「若い人と遊ぶのがいつまでも若いコツ」と谷中乃池のおやじさんの口癖がうつってしまう。

◆だけどこの頃、妙に財布が軽い。なぜかなあ。あっと気がついたのは若い人と飲んでるとつい私がおごっている。ちょっと前まで最年少で一人女性ということが多くていい目にあってたのに。最近見回すと、私が最年長ということが多い。

◆稼がず使わず、をモットーにしてきたのに、まあ子どもにお金のかかること。小学校入るまではただ同然だったのに。部活費だ、ユニフォーム買う、野球見にいく、お昼ご飯代ちょうだい、夏の合宿代、映画見にいく、と毎日千円札に羽が生えて飛んでゆく。（M）

◆この三カ月、コンサートの練習に明け暮れ、家のなかはひっちゃかめっちゃかでしたが、終わってほっとしています。来てくださったかたありがとう。オルガン復元以来の念願が叶いました。ただ、空気式で発音が遅いので速い曲は弾きにくかった。満足いただけなかった方、ごめんなさい。

◆奏楽堂のパイプオルガンは今あまり使われていない。せっかく鳴るようになったのだから、どんどん弾いてあげて。

◆コンサートを三十代最後の思い出にして、老人保健法に基づく「節目検診」の紙が届き保健所にいった。初めて飲むバリウムはマックシェイクと思い一気にのみ干したが、すぐさま宇宙遊泳のように逆さまになったりでびっくり。ガラスの向こうから技師のお兄さんが「右に三回転してくださ い」というので、でんぐり返しかと考えていると、「聞こえませんか、右からぐるーっと三回」。「はい、今度は左に向いて」で、顔を左に向けたら「今日は顔は写しません」だって。

◆団子坂下を自転車で通ったときのこと。舗道上に止まっていたバイクのマフラーに足が触れたとたんに、ジュッと足に火傷を負った。急いで事務所に戻って氷で冷やしたが今でもくっきり。三十年は消えないそうだ。くやし〜。これが子どもだったらと思うとぞっとする。(O)

◆原稿を書いている机の上を単二の電池大の毛虫が一匹、のそのそ這っているではないか。夏なんだ。蚊はいる、ちびゴキは天井から落ちてくるで、もう大変。

◆大変といえばわが家のハムスターのはっちゃんが死んでしまった。度重なる出産で体を壊したんだそうだ。「オスと離さなきゃダメだよ」と金魚屋のお兄さんに叱られた。O家にもM家にもあっちにもこっちにも里子に出した子どもを残したまま旅立った。享年一歳十一カ月。

◆家族は減ってもまた増える。藤田さんの庭からもらったカタツムリは、大きい順にイッちゃんニイちゃんサンちゃんと名付けられ、キュウリをかじってひとまわり大きくなった。トンボのトヨ子は二泊三日のショートステイで空へ帰した。

◆Oの奏楽堂のコンサートに名古屋から駆けつけてくれた木村敬子さんと輿語基宏さんが、演奏会の帰りによってくれました。「わざわざ来てくれるんだよぉ」と電話のついでに高知の義母に話したら、「みんなで食べゆうのにちっとうじゃあけんど、送ったきに」と土佐産のマスクメロンが五個も届いた。

◆今回、木本至さんの「評傳宮武外骨」を読んでいたら、「上野公園の森で木兎(みみずく)の『ホーホー』を聴く毎に、幼な時の母の物語を思出す」という外骨の文章が引用してありました。母はいくつになっても有り難いものです。（Y）

【其の四十八】　一九九六年十二月十日

今日のお泊まりはどちら

「谷根千旅館特集」

◆私は今、花巻に向かっている。ちょうど太陽が西に傾き、秋の高い空が茜色に染まりはじめた。といってもこれは一九七八年九月二十一日のことだ。私を乗せた列車は花巻駅に着き、案内所で紹介してもらった駅前旅館に宿をとる。一泊二食付三二〇〇円。

◆「ごめんください」と声を少しずつ大きくして三回目、奥から「はあい」という声とバタバタと近づくスリッパの音。玄関の上がり框は黒光している。部屋は六畳と控の間。早めの夕食は和え物、煮物、焼魚、漬物、ご飯、味噌汁。風呂に入らず、夜の賢治祭へ出掛けた。

◆北上川の河原に火が熾きる。子どもたちの朗読劇「風の又三郎」の強烈な印象だけが今も残る。散会後、引き揚げる列に混じって駅に向かう。ふと気がつくと歩いているのはほんの数人。その時、傍らに車が止まる。

◆「駅へ行くんなら乗んなさい」。どこかで見た顔の男性がドアを開けてくれる。「ぼくはね花巻温泉まで行くんだ。ひとりで賢治祭に来て、駅前旅館に泊まるなんて、君はさみしがりやだね」。やさしい声に送られて車から降りた。

◆「あら、内田朝雄さんのお知り合いだったの」。玄関前で女将さんがいう。そうか、俳優さんだったんだ、あの悪役の。

◆賢治の生誕百年の今年、内田さんは亡くなった。宮澤賢治の研究者だった。（Y）

◆あっという間に今年も暮れてゆきます。一年、何をしてたんだろう。子どもの受験、高校と中学の入学。夏は代官山同潤会アパートの調査と展覧会。谷根千の町を歩かないで終わった一年でした。

◆それでもよくやりました。昨年暮れからサトウハチロー、樹、宮武外骨そして旅館。そこでどっと疲れ、三人顔を見合わせてため息つくばかり。十二年続けるのは大変なことです。中じきり？いや中だるみかも。でも新しい読者もいらっしゃるのです。こんな雑誌知らなかった。噂には聞いていたけれど初めて見ました。と買ってくださる方、定期購読者になってくださる方。ひたすら有り難い。

◆一つのことを長く続ける大変さ。「思想の科学」が五十年で今年終刊しました。高校生の頃から読んでいた雑誌がなくなるのは淋しいです。岡本文弥さんが逝かれました。芸歴八十ン年。七十代の時、老いを感じて落ち込んだとき人民中国に旅し、その国の芸を見て再び蘇る。

◆気力のない、愚痴ばかりの、気難しい老人になりたくない。おおらかで朗らかに天寿を全うしたい。と町のあの方この方、思い出して手本にします。

◆今年は樋口一葉没後百年でもありました。二十四歳を恐ろしいスピード感で生きた人。トランス状態で一冊、「かしこ一葉」（筑摩書房）を書きました。できたら読んで、ね。（M）

◆気候のいい秋の配達をしないで冬になろうとしています。毎日こんなに仕事しているのに、なぜ谷根千はできないのか。

◆我が家でこの四カ月、一番大きな出来事は何といっても引っ越し。子供も荷物も増え続けるので、賃貸マンションを出て一軒家に。リヤカーを使って近所へ引っ越したが、一週間目、最後の日はとうとう残ったゴミとがらくたの山。夫が牽く、妻が押す。そのまわりを子供たち。何か物悲しいものがありました。

◆越してから戸惑っているのは、雨戸。今まではなかったので、夜閉めないと物騒だし、閉めれば日差しが入らないので朝寝過ごす。朝開けてもすぐ出掛けるからまた閉めて、とどっちつかずの毎日。
◆それに階段。あゆみも一歳八カ月。どこへ行くにもついてくるので、洗濯物もおちおち干せない。「上にいったよー」と叫ぶと兄姉達が部屋から出てきて、階段の上下でガードを固める。みんなで見守っていると、てっぺんまで上ってクルッと振り向き、口に手をやって「ヤッホー」なんて恐ろしいことをしてくれる。
◆ちょっとだけの庭で、七輪に炭をおこし秋刀魚を焼いた。ガスレンジでじわじわじゃなくて、強火であっという間に焼けるからうまい。人が来ると炭をおこして秋刀魚をごちそう。残り火で焼き芋も。隣が空き地なればこその贅沢。当分楽しめそうです。(O)

【其の四十九】一九九七年三月三十一日
モノクロで贈る花屋特集
「春の花屋さん」

◆花粉症、とうとう我慢できずに薬をのんだら大変、眠くて仕事にならない。やっぱり薬を飲まず、くしゃみしながら天気に合わせて洋服を選び、マスクをし、帽子かぶって、仕方ないこれが私の春だわ、と思う。
◆新事務所の壁塗りをした一月某日。木箱に腰掛けパンをかじっていた。窓の向こうは須藤公園。目線の高さに公園のあずま屋。「あっ」とYが声をあげる。「いいもん見ちゃった」とにやっ。恋人たちがキスしたんだって。
ワープロ越しに見えるあずま屋に、今日は誰が来るのかな。新しい楽しみ。
◆というわけで、引っ越して早二カ月。いろいろご迷惑かけました。場所がわからず、朝十時に家を出て午後四時に谷根千に到着した根津の坂間さん、お疲れ様でした。近くから電話を掛けてくるのは、配達のお兄さんやコピー屋さん。「坂の上にいるんですが」と電話しながら歩いてきて、「あっ、あったあった」。み〜んな携帯電話を持っていたのでした。

◆わが娘もようやく二歳。誕生日、リヤカーに十六ミリの映写機積んで、アンパンマンの上映会してくれた我がよき友よ。涙が出るくらい嬉しかったぜ。風船、ぬり絵、タオル、風呂用玩具、ぬいぐるみ、ケーキ。オレの時は何にもなかったとふてくされたのも約一名。あゆみはホントに幸せモンだね。（O）

◆今年の春はどうもうまいことといかない。約束を一週間間違えるし、お気に入りの茶碗は割られるし、ここぞという日に娘は熱をだす。小さな運に見放されることの多い毎日。先週は「去年の六月の家賃が振込まれていませんよ」と大家さんからの電話。今頃言われてもねぇ、あのお金、いったい何処にいったんでしょうか。

◆だからなるべく静かにしていよう。買い物も遊びも控え目に。あまり怒らず、好きな人に会うのも、見たい映画もちょっと我慢。していたら、文芸坐が休館した。改築を風の噂に聞いたけど、本当だったんだねぇ。二月二十三日に文芸坐でみた最後の映画は「人情紙風船」。古いフィルムで画面も暗いが、話も暗かった。八方塞がりの人生のなんと多いことよ。

◆と、シリアスを装う私を「オバチャン、腹痛おこしたさんまの顔している」と酷いことを言う十五歳のおんなともだちと銀ブラした。彼女は日本の中学に見切りをつけてニュージーランドの学校に通っている。一年ぶりの帰国。「日本人てなんで同じカッコしてるんだろうね、恥ずかしくなっちゃう」なんてことを言いながら歩いている。「この間まで自分だって同じだったじゃないの」と私。どうしても皆と同じブルーのセーターでないとまずいんだ、といきりたっていた姿を知ってるんだからね。あれはたった二年前のことだよ。（Y）
◆事務所が新しくなり、本も目に見えるところへ並び、ファイルボックスも中身が取り出せるようになりました。前より広々とし、仕事がしやすくてうれしい。
◆十三年もいっしょに仕事をしていると、相手の考えることがお互いみんな読めてしまう。柳田国男の「遠野物語」に出てくる〈サトリ〉みたいに。新しい事務所でヤマサキが「明日からまた寒波だって！」というとオオギが「じゃ、来ないことにしよ、でしょ」と私の方を見て笑う。本当にその瞬間、同じセリフが頭にあった。わかるかなァ。こういうのってちょっとツライね。
◆ふたりとも「マユちゃんが来ないとシャクだけど、来ると仕事になんない」んだそうで、私は今のとこ土日出勤です。電話もこないし、お客もなくて（失礼）仕事がはかどるのだ。
◆でも理想的な休日というと…。この前の土曜日です。朝十時まで寝てて、ゆっくり朝ご飯を食べて新聞読んで洗濯して、庭の紅梅を眺めて坂下の美容院に行って髪切ってもらった。それから書店で本を見て、谷中に抜け、夢市できれいな着物地をいっぱいみせてもらって、羽織りをジーパンの上に試着なんかしちゃって、それから可憐堂さんにいって整体してもらった。夕暮れの根津を散歩した。
◆こんな休日がせめて月に一度あったらなあ。あたしは幸せなのに…。（M）

【其の五十】　一九九七年七月二十日
谷根千50号特別企画
「町が愛した50冊」

◆久しぶりに三人で三百人劇場でシェイクスピアの「十二夜」を見た。

◆帰りがけ、焼き鳥でビールになったが、OとYは一秒で仕事に戻って、この号のクロスワード・パズル作りに熱中している。私は「十二夜」のマルヴォーリオがかわいそうとか、も少し感想を話したかったのになあ。

◆でも本当に二人は谷根千を作るのが好きなんだね。とビールをなめなめ半分感動、半分しらけた。

私は最近、海外旅行とかファッションとかエステとか、ケーベツしてた女性雑誌の記事が気になる。

◆お年頃になってから二十数年、それらと無縁で暮らしてきたものなあ。体動かしてないもんなあ。と水道橋のスポーツクラブに入ってジムや水泳に精を出してみた。痩せないけど、肩凝りにはきく。どうせ続きっこないんだから、と冷たい娘は「お母さんはお試しセットの似合うヤツ」と川柳まがいを言ってのけた。生まれてはじめて化粧品のポーチ入りサンプル二千円のを買ったからね。

◆ひるがえって考えると、谷根千始めてこのかた十年は、海外旅行も化粧も目じゃないほど充実してたってことらしい。ほかに娯楽を求める暇も必要もなかった。

◆私だけ物書きというものになってしまい、OとYのほうがずっと楽しそう。家庭経済の必要上、私は締切に追われる生活から撤退できそうにない。

（M）

◆この三カ月で大和郷の講座や座談会、コンドル設計の建物見学と、めったにない勉強をすることができました。

◆事務所を移転してから千駄木駅まで徒歩一分。出掛けるのが苦でなくなった。大手町、日比谷と乗り換えれば、たいがいどこへでも行かれる。それに、行き帰りの電車の中で読書ができて嬉しい。

◆ビールのない人生なんて考えられないと思って

いたが、けっこうできるもんです。まず、家に置かない。冷やさない、飲む場面を作らないのが第一。お酒の相手をする時は、杜仲茶を煮出して飲む。ずいぶんつまらない人生じゃないのといわれそうだが、一応カロリー計算の上のこと。「週に一度の休肝日」もなかったのに、今やコップ半分のビールで酔うほど。ウッヒッヒ。飲まないで夏を乗り切るぞー。オーッ！結果はお楽しみに。

◆ついでにもうひとつ、体によい食べものと考えて、トマト料理に凝っている。ガーリックトーストにざく切りのトマトを乗せたのがいたく気にいっておりますが、おいしいトマトの食べ方があったら教えてください。簡単なのね。

◆そうそう、谷根千で五十号を記念して新しい地図を作りました。前の地図がなくなってからしばらくの休憩でしたが、半年かけた自信作です。観光マップではなく散歩マップと思っています。ぜひお手にとってご覧ください。（O）

◆こんなの簡単、と取りかかったクロスワードパズル作りに四苦八苦。夢の中でも考えて、タテヨコぴしっと決まるつもりが、途中でお手上げです。パズル作家はみな天才と知りました。無念。

◆もうひとつ、地味な五十号の色付けにと子どもの座談会を企画。やはり露悪趣味の感があり、恥ずかしい。大人からの偽悪的誘導尋問多少あり。お目汚しを勘弁してください。

◆さて、D坂に移り半年。新しい仕事場で一番得をしているのはやはり私です。職住接近で通勤時間はわずか二分。帰宅は日々遅くなり、「まだなの〜」とお呼びがあるまで家に帰らず、のんびり仕事しています。ときに顔見知りの住人から、まんじゅう、せんべい、ビール、ワインなどの差し入れあり、ささやかな幸せを噛みしめる。スズメにヘビにカエルが玄関先まで覗きにきたりもしています。

◆今年はついていない、はずが、前半締めくくり近くなってようやく光が差してきた。ヨシ！これから巻き返しだ。

◆そこでハッピーなお知らせです。今年は映画のあたり年。ファーゴ（米）、スワロウテイル（日本）、シャイン（豪）、熱帯魚（台湾）、烈火戦車《フル・スロットル》（香港）、變面《ヘンメン》―この櫂に手をそえて（中国）、祝祭（韓国）、誘拐（日本）、八日目（仏＋ベルギー）とどれもヨシ。あえてハズレ映画のことはいいますまい。（Y）

【其の五十二】　一九九七年十月十五日

とっておき一九三〇年、モダンな下谷・本郷「マッチラベルに残る町」

◆千駄木のカボチャ畑はわが家の前で、毎朝作物の成長を眺めての通勤。カボチャの花は掌をあわせたくらいの大きさで、色は黄、肉厚で細かい皺があり、縮緬の布に似て官能的だ。その姿態に誘われるわけでもなかろうが、動けない花に代わって受粉を手伝う虫たちが賑やかです。

◆カボチャの花は陽が差すと同時に萎むのも初めて知った。晴れた日は朝八時を過ぎると早くもデレンとなる。いったい何時に開花しているのだろう。それは五時でも四時でもなく、夜中の二時過ぎであることを突き止めたのだ。カボチャの花って早起きなんだなぁ。

◆義母に会いに高知へ行くと、そこは台風だった。ひとつ過ぎると、次がまたやってきて毎日荒れ模様。案の定、母娘孫の五人でずっとテレビ漬けとなった。昼はビデオで夜はアテネ陸上。子どもがSFだ、アクションだ、アニメだ、と借りてくる。「年寄りはこんなうるさいもんよう見ん」という母用に「蔵」を借りてきて一緒に泣く。

◆嵐の晴れ間はやっぱり焚火。風で折れた枝を拾い集めて、盛大に燃やす。ここではマッチも現役なのだ。

◆秋山真芸実さんとCMモニターとして丸ノ内の東商ホールに行く。お礼は三千円。テレビを一日何分見るかの問いに、○分と答えるべきか、高知を思い出して十二時間と答えるべきか、迷うなあ。(Y)

◆マッチ・ラベル特集。どなた様か、裏表紙百万円で〈カラー印刷スポンサー〉になってくださる方はありませんか。素敵な小冊子ができますものを。

◆マッチといえば思い出す。台所にあったライオン印の赤いマッチ。自動点火になる前のガス台で、初めチョロチョロ中パッパとお釜でご飯を炊いた時。

◆繰り返し読んだ「マッチ売りの少女」。寒さのためにマッチをすり尽くし、やさしいおばあさんの夢を見ながら天国へ旅立っていった女の子にワァワァ泣いた。

◆南方熊楠は紀州新宮神島で昭和天皇にマッチ箱に入れた粘菌を見せ、長谷川利行は日暮里の路地裏で、マッチ箱の裏に油絵を描いた。憑かれた男たちよ。

◆二〇歳の頃、煙草をくわえ、マッチをすり、火をつけ、中指で軸の末端をはじいて消す。キザな仕草を練習した。

◆三本のマッチ一本ずつ擦る夜のなかで
はじめはきみの顔を隈なく見るため
つぎはきみの目をみるため
最後はきみのくちびるを見るため
残りのくらやみは今のすべてを想い出すため
きみを抱きしめながら。
　ジャック・プレヴェール〈夜のパリ〉

◆八月のインド旅行ボケもようやく直り、天高く馬肥ゆる秋、金は天下の回りもの。楽観論で不況時に小雑誌を続けます。(M)

◆ビール断ち宣言をしてからすぐ、何かと飲む場面に遭遇し、結局楽しく飲んでしまった夏休み。

九月から再挑戦です。
◆暑さ寒さのせいなのか、寄る年波のせいなのか、この頃首が回らない、肩が痛い、足が痛いの痛いづくしで、ワープロ打つのもつらい。
◆むしゃくしゃして急に髪の毛を切りたくなり、美容院に走っていったら、「予約のお客様でいっぱいですので、十二時半までお待ち願います」という。待ちきれないので、ほかをあたったが、軒並み予約で空きがなく、「もう切るもんか伸ばしてやるぅ～」と髪をゴムでぎりぎり。
◆息子の誕生日に、穏やかな気持ちでケーキ屋に入った。「誕生日用の丸いケーキはないですか」と聞くと、むっとした顔で店員が、「前もって予約をしてもらわないとそういうもんはありません」。ああ、ケーキも予約制なのか～。
◆歯の治療は四時半の予約。三時すぎに一件仕事をすませ、ゆっくり間に合うはずだったのに、店を出たら四時半を少し回っていた。医院に電話をかけたら「もう遅いから違う日に」と。ぐすん。私に予約は性に合ってないんだわ。
◆そういえば、数年前、夫が明け方に七転八倒して苦しんだ時、救急病院に駆け付けたら、「電話はもらってますか？」といわれたっけ。救急病院も予約制だったのか。知らなかった。（O）

【其の五十二】　一九九七年十二月二十五日
鷗外特集第二弾
「明治の終わりの団子坂」

◆さんざんな三カ月だった。首が回らなくなった後、肩の骨が痛くなり、そして足まできた。それでも谷根千は続く。
◆体もおかしくなったが、ワープロもおかしくなった。鷗外の特集にはぴったりのＮＥＣの「文豪」を使っているというのに、フロッピーをいれると

「異常です」とメッセージ。どのフロッピーを入れても「異常です」になり、お手上げ。漱石の時はいうこと聞いてくれたのに。
◆新しい電動自転車の置き場所は家の玄関内と決めた。そのため悪いと思ったが、あゆみの三輪車「アンパンマン号」を外に出した。夜中の三時、ピーピー何か音がする。ガスの警報機か、エアコンか、どこだどこだ！やっと突き止めたら、なんと家の外の三輪車だった。中に入れたとたん、今度は「それゆけアンパンマン、ゲンキにあそぼー」と壊れたレコード状態。小雨が降り出し水でも入ったらしい。深夜、家中に響きわたり、焦った。ネジを回して蓋を外し、電池をとったら音がふつっと切れた。その場にへたへたと座り込む。アンパンマンの復讐か。
◆久しぶりに鷗外を読んだ。それと茉莉さんや、類さんの本にもはまってしまった。これらにも団子坂近辺のことが多く、また兄弟の関係や鷗外没後の森家の様子が書かれていて、興味深い。
◆そして足がゲンキになったら、宮芳平さん訪ねて豊科近代美術館に行きます。（O）
◆中学の国語の先生が教壇で掲げた啓紙刀が飴色に輝いてきれいだった。授業はたしか「阿部一族」。その作者、森鷗外が使っていたペーパーナイフなのよ、と先生は言った。スゴイ、先生は鷗外の知り合いなの？親戚なの？なんで持ってるの？とザワついたのは四、五人の生徒。あとは「ふーん」てなもんだ。
◆実は啓紙刀はニセ物で、お土産として売っているの、と先生は笑いながら打ち明けてくれた。どこで買える？へェー文京区なの。先生は鷗外記念館のある駒込図書館だと教えてくれたから、私は駒込駅から図書館を探してはるばる千駄木にやってきた。これが私の千駄木事始め。
◆さて最近の話。アメリカのSFコメディ「メン・イン・ブラック」の先行オールナイトを、観に行った。先着ン名様の景品をもらってこいと子どもにチケット付きで頼まれてね。だって私は十八歳以上だもの。その景品とはイカ墨麺のカップヌードル「麺(メン)イン黒(ブラック)」。映画も笑えます。

◆「来年二月から郵便番号が七桁になります」というキャンペーンで、郵便局員がティッシュを配る姿をよく見かける。先日、京成上野駅前の路上で「バカヤロー！オレは数字を七つも書かないゾ。こんな鼻紙はもらうかー！」とティッシュを投げ返しているおじさんを見かけ、まわりの通行人と一緒に拍手をしてしまった。おじさん、あたしも同感だよ。(Y)

◆十二年ぶりの鷗外特集です。鷗外という人はおそろしく頭がよくて、殖産興業、富国強兵の明治の世で官僚としてもガンバって、帰宅してからは翻訳や小説を書いた。そして晩年、これでよかったのか、人生を味わったり、その日をゆったり生きたりしたことがなかった、仮面をつけた一生だったと繰り返し書いている。

◆何だか身につまされる述懐です。私も谷根千始めた頃まではパンを焼きケーキを焼き、子どもの服を縫い、墓地を散歩し、映画を見る時間があった。それに比べ今はなんとゆとりのない、ぎすぎすした暮らしだろう。布団を敷かないで仕事して、座布団で仮眠するなんて。

◆来年から生活を変えるつもりです。義理や人情で仕事を引き受けないで、また町をゆっくり歩き、子どもと遊びたい。

◆東京を何ヵ所も駆けずり回り、夕方町に帰って買物をした。うどんの玉を買ったら、「雨ばかり降るねえ。でも雨が降らなきゃ米も育たんもんね」とご主人。八百屋にいってあれこれ買ったら「あーら、計算させちゃって悪いわね」とおかみさんがにっこり。こんな会話に癒されます。スーパーで「あ、チュッピーのお母さん」と三つ四つの男の子に声を掛けられた。「ヒロシを知ってるの？どうし

て」と聞いたら「だって会ってるもん」。だって、会ってるもん。なんていい言葉なんだろ。(M)

【其の五十三】　一九九八年三月三十一日

地主は浅野のお殿様

「向ヶ岡弥生町読本」

◆一月以来、あまり良いことが起こらなかった。しかし悪いこともそうなかった。それが人生かもしれない。とにかくマイペースで自分の時間を大切に。と思うのに、人がいいのか、断るのが下手なのか、安請け合いばかりして、ひたすら忙しくしている自分がイヤになる。

◆このところ天才アラーキーこと荒木経惟さんと谷中を二度ほど歩いた。おばあさんから少年まですごい人気。あちこちで握手や、いっしょに写真をとせがまれる。嫌な顔一つせず、「電話番号教えるのよ」と冗談いってサインする荒木さん。このくらい悟って生きたいと思うけどな。

◆白状すると引っ越しました。谷根千地域のはずれです。四畳半に子ども二人足にょっきり出して寝てるのも、自分の部屋に本や資料が散乱してるのも、ちょっと切なかった。でより簡単でより広くて少しシステマティックな生活に切り替え、でも便利と引き替えに失ったのは情緒とか風情とか静けさとか緑とか、案外に多くて大きくて、私はまだ、前のお寺の境内の家を恋しがっている。

◆あいかわらずの泥縄で、引っ越し業者が来ても荷物はできてないし、その脇で原稿書きながらファックスを送ってる始末。荷造りにきたYとOは呆れ果てて声も出ない。「まゆちゃんていつもあれで人生乗り切るところがお得な性分というか」。あとはビールでごまかす。(M)

◆雪の多い冬でした。事務所は寒くて足が冷え、バケツの足湯でしのぎました。こういう時、お客さんが来ると大変。誰が対応に出るか、ジャンケン。

◆ノート型ワープロをリュックに背負って、家路につく。ノート型といったって、肩に食い込む重さ。しかし、もはやヤネセンはワープロなくして生まれない。

◆徳田秋聲旧宅で、秋聲の原稿を拝見した。ペン文字に筆で朱が入れてある。時代と情景が読み取れるような原稿だった。またある日、立原道造記念館にて、自筆で一冊だけ作られた詩集を見た。何という手作業。ワープロではありえない世界。

◆立原が造る計画だった別所沼畔のヒアシンスハウス、見たかった。夫の実家は沼のすぐ近くで、私は針葉樹に囲まれたこの沼が大好きだ。きっとヒアシンスハウスは別所沼に似合ったに違いない。

◆話し変るが、子供の家事手伝いの中で、「食器洗い」は一挙両得だ。流しの前では身構えずに話せるから、普段口の重い中学生も、学校や友達、将来の事などよく話す。おまけに茶碗はきれいになるし。

◆その中学生、ある日『徒然草』を読み、「俺すべての物欲を捨てたよ」と。よかった。それまでが物欲の固まりだったから。そしたら、最近「また物欲が出てきた」という。「受験の夏を涼しく過ごすための絹のアロハシャツ」が欲しいんだそうだ。そんなのあるかしら？（O）

◆年の明けた十一日、近所の浅田家で岡山の雑煮をいただく。すまし汁に餅、人参、牛蒡、ほうれん草、蛤、鰤が入る。目も腹も心も大満足食べて飲んで、そのまま他人の家で昼寝をした。

◆この冬は何度、雪かきをしたろうか。事務所の前は急坂で、雪をどかさないと危なくて歩けない。大雪の翌朝九時、通勤通学の人波がとだえた頃、文京区役所のトラックが到着。シャベルを持った職員さんが坂上に立って言った。「すっかりきれいになっている」。そうなんです。野村さん、鈴木さんはじめ近隣の気遣いと力で、アトリエ坂は今日も安心。
◆TBSラジオの「週刊有線カウントダウン」のベストスリー予想クイズに母の名を使って、子どもが応募した。みごと当選一万円。今年はいいことありそうな。
◆卒業生を持った春はまことに忙しい。最後の授業、最後の移動教室、最後の…最後の…、この枕詞にあおられて、何となく非日常的気分を味わっている息子。謝恩会で刺子のブックカバーを贈られ、澄んだ歌声を聞き、こちらもしばしジーンとする。「僕たち、私たちは、悲しかったこと、嬉しかったこと、悔しかったこと、いろいろなことを乗り越えてきました…」というのは、生まれてたった十二年の子どもたちの言葉。なに言ってんだヨォ。悲しいことも嬉しいことも悔しいことも、本番はこれからだゾォ！（Y）

【其の五十四】　一九九八年七月十日
あたしゃあんたの蕎麦がいい
「谷根千そば入門」

◆この春は嬉しいことがいくつもあった。その1、何カ月も耳の中にいたハエが、いつの間にか消える。四六時中ブーンブーンという耳鳴りが気分悪かったけれど、これで爽快。
◆その2、不忍池でサンドイッチを配る青年に出会う。あだち充の漫画の主人公に似た彼は、ジャムとマーガリンを挟んだパンの包みを寝ているおじさんの横にそっと置いたり、ベンチでくつろぐおばさんに手渡していた。肩かけカバンから包みを取り出し、ボソッと「食べてください」と声をかけ、たまに「オー、あんちゃん悪いねェ」と返事がある。池をぐるっとひとめぐり、いいものを見た。
◆その3、後楽園ホール初体験。息子と学童保育で一緒だった池田政光くんがプロボクサーになったのだ。弱冠十八歳、渡嘉敷勝男の一番弟子である。トカちゃんはマー君で「世界を狙う」とあいさつ。よし、また応援にいかなくちゃ。

◆私はボクシングの隠れファン。ちばてつやの「あしたのジョー」に感動して泪橋へ行ったり、寺山修司の「ボクサー」の舞台を探したり。「どついたるねん」で赤井英和を鍛えるコーチ役の原田芳雄がメチャメチャかっこよかった。

◆その4、その原田芳雄が出演するドラマ「ブラザーズ」のビデオをOが撮ってくれる。それを見る幸せ。遊んで、ソバ食べて、谷根千は命懸けで作るのだ！（Y）

◆久しぶりに工房に行くと、山のような郵便物である。イタリアに一カ月ほど遊学し、時差ボケ（って本当にあるんですね）で昼間ウトウト、夜はらんらん。たわいない世間話をしながら郵便物を整理する。

◆最近、電車の中で漫画よむ人少なくなったよね、とヤマサキ。町歩くと平日の昼間に若い男がいるけど、これ仕事が減った影響かな。不景気でも町に男がいるっていいもんだね。

◆谷根千も不景気だから、わたし新しい商売考えたの。冷たいアイロンを売り出すといいと思って。それからワープロ用の裏表のわかる感熱紙、とオオギ。前は飲み屋をやって昼間はお年寄りに給食をと思ったけどね。

◆あいかわらず元気な二人。私が帰ってきてしたことといえば可憐堂で体ほぐして、芳房で服買って、根津神社で昼寝して、木曽路とモレイラとうさぎで一杯やったことくらいかなァ。なんて働かないんでしょ。

◆イタリアの人は本当によく遊ぶ。よく食べる。そのまねをして時差ボケをだしに怠けている。いや本当に物忘れが激しく、「老人力」がついてきたと感じる。人の名前も年号も場所も忘れてしまう。

うっとうしい人付き合いもしたくない。そうそう、ついに老眼鏡を買いました。（M）

◆雨の多い五、六月でした。軒下に落ちる雨を衣裳ケースに受け、雨水槽にしているが、これが結構たまる。今朝、アサガオに水をやろうとしたら、なんと気持ちよさそうに蛙がいっぴき、衣裳ケースの中で泳いでいるではないか。人の気配を察してあわてる蛙君。「あらいいのよ、そのまま泳いで」と、ソロソロこちらが遠慮したのでした。

◆話し遡り四月のお花見、今年は自転車駆け抜け隊で、桜を繋げて走りました。荒川区役所の前に見事な枝垂れ桜が数本、宴会に盛り上がる人々、ベンチに座るお年寄り、その向こうの釣り堀で釣り糸を垂らすおじさんや子供、こっちのじゃぶじゃぶ池でキャーキャーいってる女子中学生、アスレチックで遊ぶ子供とお母さん。縁台ならぬベンチ将棋もズラッと並ぶ。ここは実のなる木の公園もある。犬もいる。猫もいる。幅広い年齢の人が思い思いに集ってくるのどかな区役所前広場。強風の吹き抜けるどこかの区役所とはだいぶちが…いえ、隣の芝生とは比べるまい。

◆そば特集、結構楽しみました。一番驚いたのは、中華そばと違って麺で仕入れしないこと。どこもそばは自家製麺だった。それから栄養がある。ダイエットにいい‼夏も冬もおいしい。いいことずくめだね。そしてそば打ちにもはまった。今度、合羽橋に行って道具買おっと。（O）

【其の五十五】　一九九八年十月十五日

秋が来たんだ

「林芙美子の『放浪記』」

◆涼しくなりました。おかげんいかがでしょうか。視力は濫読癖にもかかわらず、小学校以来一・二なのですけど、老眼鏡がなくては新潮文庫の「放浪記」

を読み通すことはできませんでした。
◆子どもたちは高三に中三に小六。子ども時代を保障しようと放任してきましたが、さすがに受験の夏はそうもできず、家ではご飯ばかりつくって、子どもを次々、塾や予備校に追い出してきました。そのあいまに、九中のプール開放で毎日泳いでましたが、こんなプール開放をしているのはほかではないようです。
◆で旅行にもいかず、外食もしないので、私の貯金通帳にはどんどんお金が貯まりました（というのはウソです）。しかし利率〇・三％では定期預金にする気がしません。普通の中小企業ならとっくに倒産しているところ、社員（銀行員）の給料はほとんど下がらず、私の歳では一千五百万も年収があるそうです。公的資金（税金）導入の前に、まず給料を半分に（それでも日本の四人家族の平均年収よりずっと多い）してほしいものです。
◆半年に二台、自転車を盗られました。子どもがちょっとの間、鍵をかけていなかったためで、鍵をかけないから悪いと叱る気になれません。盗るのが悪いんです。で、泣く泣く、また二万円の自転車を買いました。（M）
◆ぬくぬくと掛け蒲団が恋しいこの頃です。夏休みでちょっと休んで、台風が来たので一日休んで、さあ月曜からばりばりやるぞ！って意気込んでいたら、あゆみの体に発疹が。なんと水疱瘡で立往生。それでも薬を飲めば一週間というので、覚悟の巣篭もり。粉薬飲める？と聞くと「飲んでガンバル」と本人。ブツブツの三歳児が手袋はめて蒲団に横たわる姿が何ともいじらしくて。
◆林芙美子。私には遠い作家に思えていたが、読んでみるとこれまたハマった。（失礼！）書くことがストレートでよい。いつも頭の中は食べ物でいっぱい。この秋は、芙美子のように七輪でコツコツとトウモロコシを焼き、ジュジュッと秋刀魚を焼き、帆立貝飛んでこい、毛蟹も飛んでこいと叫びたくなった。ちょっと贅沢かな。今は郵便局で申し込むと、いろいろ飛んでくるものがあって便利だなあ。

◆この夏はいつになく高校野球に泣きました。延長十七回のＰＬ対横浜の試合。松坂君を支えた横浜のキャプテン小山君、このバッテリーのサインを見破ったＰＬのキャプテン平石君。その見破られたことに気付いた横浜の柴君。なんてすごい奴らだ。ボロボロ泣いている母親を子供らは不思議そうに見つめる。この感動がわからぬのか。選手宣誓で小山君が「多くの人々に生きる勇気と希望を与えたい」といった通りいい試合をありがとう。（Ｏ）

◆秋風が吹く頃になりました。わたしはこの頃キロロの「未来へ」を唄っています。

◆少しばかり小遣いが貯まったので髪を切ってくる。美容院はいいな。頭をバンバン叩いてもらうと、脳ミソが引き締まる。ドライヤーでブローしてもらえば、違った人のように私も美しくなっている。

◆「地上げ木」の金木犀を、店子で管理するからと大家さんにお願いし、マンションの庭に移して十年。小さな花は毎年秋の香を運んでくれる。が先日、代替りした大家さんが「大きくなって管理も大変そうだから根元から切ってもらいましょうか」というのでびっくり。「木の世話は苦労よね」とねぎらってくれる。いえいえ、枝落としなど朝飯前、どうかこのまま花を咲かせてやっておくんなさいとお願いし、金木犀は命拾い。数日後。

◆まあ驚いた。朝、マンションの庭の桜が根元からバッサリ。「チェーンソーの音に心臓がドキリとした」「切り株をみて涙が出た」「あの桜に惚れて越してきたのに」と店子たち。でも大家さんはこれで落葉が樋に詰って近所に迷惑をかけることもないとほっとしている。ウーン。桜が好きといっとけばよかった。落葉を掃くといっとけばよかった。

◆お金は天下のまわりもの。あれば使う、なければガマン。「さあ！素手でなにもかもやりなおしだ」という芙美ちゃん、私はアンタが大好きだ。（Y）

【其の五十六】　一九九八年十二月二十五日

懐しい町へ、みなさまようこそ！

「根津百話」

◆十二月、日頃のせわしさが二乗三乗するのか不条理なことが多い。浅草に配達にいった時、ヒゲ面で黒のブルゾンを着た男の自転車が近づいてくる。すれ違いざま、首をのばして私の耳に顔を寄せ「〇〇〇コ」とひと声。ニヤッと笑って遠ざかった。追いかけて引きずり倒したい。

◆映画の試写会場、私の後ろで「ババアばっかりババアばっかり」と繰り返す男あり。振り向くとなんだ私とタメ年くらいじゃないかと思わず笑った。そうしたら「笑ってごまかすコギタネエババア」といって横をすり抜けていった。捨てゼリフを残して逃げる野郎のうす汚さにヘドが出る（ナント下品な言葉！）。

◆こういう奴等は理由があって人の気持ちを傷つけてるわけではないだろう。自分が晴れやかな気分になるためでもない。言いたいから言う、しいて言えば子どもの反抗期のようなものか。理由があって反抗するのではなく、反抗したいから反抗する。対応を間違えると金属バットになるあれだ。子どもなら日頃のお付き合いで情況把握も少しは可能だが、他人の心に潜む暴力は見えないものなあ。

◆Mが新宿の居酒屋で偶然、原田芳雄と同席したんだそうだ。「アンタも来ない？」という誘いの電話を家人はとりつぎもせずすげなく切ってしまった。翌日、原田芳雄と握手したというMの手を握り、私はその手で頬杖するのであった。（Y）

◆今年もまた、なんとあわただしかったことか。二月に引っ越し。家電製品を買い直したり、カーテンを付けたり、本棚を入れたり、意外と時間がかかる。家になれるのにも。そして一月台湾、韓国、二月カンボジア、五月イタリア、九月ベトナム、十月中国のほか、国内の旅も含めると三カ月は家にいなかった。反省。

◆帰ってくるとやたらケチになる。こんなロブスター、インドの海辺なら百ルピー（四百円）だからやめとこ。絹のショールが五万円だって、カンボジアいけば手織り手つむぎで二十ドル（二千五百円）もだせば、などと考えて国内でモノを買わなくなる。日本の不景気の元凶は私。

◆四十代半ば、仕事第一、子ども第二の私は恋愛運がない。というと男友だちは「まずその左手中指の結婚指輪はずさないか。おれには魔除けに見える」といった。何だコレ。薬指にはめてたのが結婚に悩んで激やせ、すぐはずれるので中指に、別れた後の解放感でまた太ってとれなくなっただけ。来年こそ切りに行こう。

◆バブルにいいことのなかった谷根千は、不況でも何とか生きていける。欲しいのは休息（自業自得じゃないか）。取材に行くと、来月、姪の結婚式がおわったら来て、といわれた。きっと一カ月、お祝いのことや何を着ていくか、など考え、ワクワクなさるんだろう。うらやましいな。〝待つ〟時間があるってことが。（M）

◆海外旅行も行かず、国内旅行もせず、じっと我が家にいる私です。この秋は、安田邸をきっかけに始まった「たてもの応援団」の活動報告展で忙しかった。安田邸で「壊される前に見といたほうがいいって駆け付けた」という人がいて、びっくり。安田邸は永遠に不滅です。壊されません。これから補修工事をして二年半後にはよみがえります。

◆さて、次女あゆみも三歳。七五三をやりました。馬子にも衣裳、真っ赤な被布もかわいく、家族で根津神社へ。初めてお祓いをしてもらおうということになりました。「初穂料はお志ですから」といわれてコマッタコマッタ。財布を開けるとそこには千円、一万円札がそれぞれ一枚。うーん、どうする！「じゃあこれで」と夫は千円札をさっと出したのでした。受け取る方の一瞬当惑した表情。でもいいのかなあ千円で。初めて入る本殿は欄間もすばらしく、「センダギニスメルオーギナニガシガマナムスメー」と参拝も無事に終わり、いただいた千歳飴の袋には、飴の他、色鉛筆やお守り、絵馬などたくさん、急に恥ずかしくなってしまいました。

◆そして土曜は長男の高校の入試説明会通い。我が家で初めての入試。楽しめる要素たっぷり。「この学校はオレの教育方針に合わない」とかのたもうヘンな息子相手に学校選びをしています。（O）

【其の五十七】一九九九年三月三十一日

明治に生まれたネアカな人―正岡子規「子規の四季」

◆五十六号の配達以来、インフルエンザが工房で大流行。というわけで、配達の残りを一月にし、二月は子供の受験、三月は卒業式ほか、行事に追われ、「これが私の一カ月の仕事ですートゥリャトゥリャ……」では谷根千はできません。

◆しかし高校受験は我が家にとっては、初めてづくし。こんなにたくさんの高校のなかから、いったいどこを選べばいいの？初めは戸惑っていたが、まず、①共学。②近い。③制服が詰め襟でない。④できればお金がかからない。この四つの条件を満たす高校を見学。めでたく春を迎えることができた。

◆こう書けば早いが、長い道のりであった。今年は特に不況の影響で、都立の志願者が多いと聞き、血圧は上がりっぱなし。でも模擬試験が少しいいと安心したり、一喜一憂。これだけ受験情報が溢れ、塾や通信添削の案内が毎日ごっちゃりポストに入るのに、本当に知りたい情報は入ってこない。一番役立ったのは、二年前受験生の母だったYの経験談だった。

◆さて正岡子規。今までほとんど知らないこの方と三カ月のお付き合い。見たもの、感じたこと、なんでも俳句にするのが気に入った。病気のことも。悲観的にならず明るく俳句にしてしまうのが子規。人間カラッと生きたいものだ。そこで一句

迷曲も坂もダンゴのゆかりかな

ナンチャッテ（O）

◆大晦日にインフルエンザ、二月にかぜ、三月にゼンソクとついてない。病と生きた子規の特集は、やっぱり健康な身体では作れないのね。今号も精根込めました。

◆それでも遊ぶときには遊ぶ。炊飯器を届けにメキシコへ行きました。息子ガクと友人タケオの三人旅です。L・Aから陸路で国境越え、アメリカとメキシコの境は回転扉なんですね。映画「未知との遭遇」のロケ地のような風景のなかをバスでブッ飛ばす。メキシコって道がわりといいんですよ。バスと列車を乗り継いで二三〇〇キロメートル。おかげで揺れていないと眠れない体になってしまった。そうそうクリールで馬に乗り、ドボロバンボ港で舟にも乗ったんですけど、夕暮どきでとっても寒い。寒い寒いと騒いだらやさしい青年がナイキのトレーナーを貸してくれました。炊飯器は無事グアナフアトで学校を経営するミツコとドルフィーノ夫妻のもとへ。おお喜びしてくれたので黙ってたけど実はコレ、文京区の消費者の会で五百円で買った中古品。モノは大切に使いましょう。

◆途中、アグアスカリエンテスで早朝にスチーム温泉に入ったら、タチート（本名は加瀬辰雄氏）

にナンパされ、朝から水炊きをご馳走になるという幸せもありました。この町で「浅草」という料理屋を開業している有名人。皆さんもぜひお立ち寄りください。では。（Y）

◆あなたは健康すぎて弱いものの気持ちが分からない、といわれたことがある。暮れの配達と本棚の片付けで腰を痛め（ハッキリいうとギックリ腰、西洋魔女の一撃）、正月は床に呻吟した。同じころYは高知で、Oは千駄木で臥せっておった。要するに年ってことなのよ。

◆することもないから文庫本の子規の随筆、歌集、句集を読んで初めて、病牀六尺の子規に共感した。

五月雨や上野の山も見飽きたり

という気分もわかる。子規は病気の苦痛をごまかすのに「三国志」の関羽のエピソードをひいている。関羽は腕に外科手術を受けながら、もう一方の手で碁を打っていたという。私も昔、このエピソードを読んで、歯を削られるのを我慢した経験があり、笑ってしまった。

◆隣の六つの女の子が描いた絵に慰められ、それに描き足して「うれしくてたまらぬ」といった子規。静かな春雨の日に、タンスの上のお多福も大黒も招き猫も「皆足が生えて病床のぐるりを歩行き出したら面白いであらう」といった子規。

瓶にさす藤の花ぶさみじかければ
たたみの上にとどかざりけり

は静的な歌といったけどそうかしら。藤の花がのびて、畳につくシュールな光景を、子規は想像したのではあるまいか。「おもしろきものは相対なり煩悩なり、つまらぬものは絶対なり悟りなり」（M）

【其の五十八】　一九九九年七月二十日
今日のお昼はどこにしよ!!
「谷根千ランチめぐり」

◆三人の子どもの生活が一変し、まだ不馴れです。とくに夜、遅く帰る大学一年生の娘に心配し、朝いつまでも出ていかないのにイライラ。しかし我が身を振り返れば、徹夜して本読んで午後まで寝てて、授業は出ず、夜はバイトか友だちと麻雀、コンパ。あの自堕落な日々をよく両親が許してくれたものだ。

◆私の幼稚園時代からの友の古川恭子ちゃんが五年ぶりにアメリカから帰国。谷根千草創の思い出話をしていると、ダンナが口をはさんでいわく、「まゆみちゃんたら、うちの都合の悪い日にかぎって子ども置いてっちゃうんだもん」。どれくらい周囲に迷惑をかけながら「谷根千」を作っていたか、つい忘れそうになる。恭子ちゃんたちに感謝。

◆私の目下の憧れの人は巨人の松井選手。神楽坂の飲み屋の二階で南伸坊さん関川夏央さんらと本の打ち上げで騒いでいた。そしたらとなりの席に松井選手が来て、こちらに「失礼します」と声をかけた。一人で黙々と食事して「お邪魔しました」と挨拶して帰った。単純な私たち、「いい青年だなあ」さっそく「松井ファンクラブをつくろう」ってことになり。阪神ファンだった私も、巨人戦の日はテレビに釘づけ。そのあと、ある経緯で「森まゆみさんへ」とサイン色紙までいただき、机の前に飾って、私も「めざせホームラン王」の毎日なのです。（M）

◆MやYの海外旅行話にくやしい思いをしてきたが、この春は私も海外に。いえ、正確には海の向こうの沖縄は渡嘉敷島に。自分らしく旅をしたいと計画したら高くついてしまった。それにしてもあんなに痛かった足が、沖縄にいったら暖かさのせいか、ぜんぜん痛くない。人間って勝手なもんですね。

◆井上ひさし氏の『東京セブンローズ』を読む。舞台は根津宮永町、団扇屋主人の日記形式で戦前戦後が語られていて興味深い。ラッキョウを食べると弾に当たらないから貴重品だったとは知らなかった。
◆日記といえば、夢日記をつけてみたことがあったが、失敗に終わった。朝、起き抜けには生々しく覚えているが、すぐに忘れてしまうのだ。でもいまだに忘れられないのはブラピとイチローと滝沢くんが一度に出てきた夢。この日は得した気分で一日ニタニタしていました。
◆夢より現実。春以来、お金の出方が激しく、日記ならぬ家計簿をつけ始めた。長男が念願叶って制服のない高校に入ったのはよかったが、「春の制服代ちょうだい」に始まり、六月になると「夏の制服代ちょうだい」と自主的に服を調達。制服あったほうが楽だったかな。
◆三カ月前、子育ての悩みがピークでした。そんなとき、あるお寺の前を通ったら「叱る手で手本を示せ」と書いてあった。アッと思った。（O）
◆いつも朝の残りを弁当につめて谷根千で昼ごはん。朝の残りは実は夕食の残りだったりで、愛犬ベルがいた頃は「ベルちゃんにあげよか自分で食べよか」と選択の余地があったけど、ここ数年は0の昼ごはんをとりあげて変化をつけるくらい。そこでこの特集。楽しかったなあ。
◆毎日、五百円玉ひとつ持って昼ごはん。五百円以上は経費として会社もち（つまり谷根千持ちだからあまり変わらんが）でお昼を食べるのだ。いなほのおにぎり＋みそ汁三百二十円から、ふるかわ庵の三千八百円まで、いや食べた食べた。最初はスキップでお店へ向かったが、外食っていうのも疲れるのね。
◆さて、谷根千引越ブームのトリは私です。このたびマンションの家賃が払いきれず、ちょっと安い貸家に移った。実はこの家、直木賞作家車谷長吉さんの旧宅で、エッセイを拝読すると長吉さんもまた、会社のリストラに遭い家賃きりつめのために住んだそうで、未知の先住者に親しいものを感じた。とはいえ、もう仕事場から片足ケンケンでは帰れません。
◆友人から「恋におちたシェイクスピア」の試写券をもらって封切直前に観たら、これがサイコー。レイトショーで観たJ・ルノワールのリバイバル「フレンチ・カンカン」もサイコー。夏には野外映画の企画もあるし、いよいよ映画とビールのうまい季節ですよー。(Y)

【其の五十九】 一九九九年十月十五日
明治のユニバーサルマン
「石井柏亭」

◆夏の初めに大塚で暑気払い。多児貞子さん行きつけの「いせ源」は女将さん一人で切り盛りする店で、刺身に鰻に鯛の兜煮といったゴーカな料理はもちろん、素朴な牛蒡の唐揚げのおいしかったこと。こちらも女五人でおおいに盛り上がった。
◆なぜ大塚かといえば多児さんちが駅から十分の都電沿線。ここには五十年前の再開発計画が突然表面化したのをきっかけに「東池袋五丁目みみよりレター」というご近所新聞を発行し、町の崩壊を食い止めたすごい人たちが住んでいる。
◆その大塚駅前の「ブックスオキナ」が閉店。豊島中央図書館行きの谷根千を納めてたが、次号からは豊島区高松の高松書房へと言われ、思わずちょっと、と二の足を踏む。だって遠いんだもの、一冊だけだし。とにかく公共図書館、博物館への納品の煩雑さには閉口。一年毎に取引の本屋さんを変更したり(配達する身になってよ)、直接送る場合も見積もり・納品・請求書が必要で、「日付は書かないで」って念を押されるけど、ナゼ?
◆夏の終わりに福島の東吾妻山に登った。天気予報は雨だから登山はやめて玉突きか麻雀でもしようといったのに、同行の中高年(私もだけど)は元気元気。下界は晴れても山の山頂は雨で、帰りはドロドロの岩山下り。山行で肝心なのは雨具と足元と教わったのに、用意のない私は濡れ鼠。山を甘く見るなと叱られた。（Y）

◆あいかわらず野球漬け。高校野球など見てしまう。一日二十四時間しかないので、可処分時間が少なくなるばかり。結局、本を読む時間を削っている。

◆息子はめでたく高校野球部で一年生でまだ出場しないが、甲子園をめざす予戦を神宮球場に私も見にいく。ビールを飲んでワァワァ観戦。いい気分。

◆前から行きたかったモンゴルへ。ソ連崩壊、自由化から七年目。モンゴルの男たちは明治維新の坂本竜馬みたいにカッコいい。若い国、自分たちで起業して、稼いだお金を貧富の差の縮小や障害児支援にバンバン回す。エリートがエリートの本分を果たす国。

◆長野飯田市から山へ入ったところに大平という無人の集落がある。そこで久しぶりにいろりに火をくべ、寝袋に寝た。雨が降っていたがその音がいい。飯田へ降りて、竹田人形座の展示館を見た。竹田扇之助さんがいらして、「岡本文弥さん、いい芸人さんでしたよねえ、いつもお風呂から上がりたてのように清々しい」とおっしゃり、懐旧の情しきり。

◆最近、この町で老いることを考える。高齢化時代を迎え、家庭介護か、施設で看護かという二者択一論が多いが、「地域で看る」というのはありえないか。安上がりの福祉というのではない。住みなれた町での相互扶助。私たちが老いる前に、そんな仕組みを作りたい。（M）

◆八月半ば、千葉の岩井海岸へ。民宿は八畳に七人という、休息旅行とは思えないぎゅう詰めだったが、楽しかった。

◆丸一日海岸にいただけで、真赤っか。短パンの跡がくっきり。皮はぼろぼろ。きっと冬まで残るだろうな。
◆ランチの続きでカレーを食べ歩いた。カレー＝キャンプの定番、家でのお助けメニュー。「人参、玉葱、ジャガ芋、豚肉、お鍋に入れたらグツグツ煮ましょう」という子どもの歌があるが、カレールーを入れて、ちょっと煮ればできあがりの簡単料理と思ったが。取材してみたら、どのお店もスパイスを調合したり、本格的に作っていて、一つとして同じカレーはない、奥の深ーい食べ物なのでした。
◆去年の夏世間を騒然とさせた砒素入りカレー事件。はじめ食中毒と報道され、「カレーで食中毒を起こすはずがない」と直感した中学三年生が夏休みの宿題にまとめた。インターネットを駆使したこのレポートが本になった。三好万季著『四人はなぜ死んだのか』。これがスゴイ。
◆谷根千もホームページ開くの？とか、Ｅメールは？と聞かれることがしばしば。悩んでます。もらったパソコンがあることはある。子どものゲームだけじゃもったいないよって。わかってます。
◆秋はＹＭＯ揃いで子ども達の文化祭に出没。高校生もまだまだいける。そう確信してます。（Ｏ）

【其の六十】　一九九九年十二月二十八日
懐かしい建築、懐かしい人たち
「十五年目の町」

◆朝起きると一面の落葉。かさこそと心地よい音をさせながら、あゆみと戯れる。もっと遊んでいたいけどやむなく保育園へ。夜、手袋とマフラーを巻いて落葉掃除ごっこ。外掃きの小さなほうきではかどらず、手でゴミ袋に詰める。
◆土曜日、近所の雑貨屋で竹ぼうきを買う。三百二十円。予想もしない安さで、工賃、手間賃が出るのかと心配する。家に帰りさっそくひと掃き。すごい威力。すぐさま落葉の山ができた。宝探しゲームでもしたら楽しそう。それとも焼き芋？いやいや、最近、落葉での焼き芋はダイオキシン問題もあって難しくなっている。保育園でも形だけだそうだ。

◆「オイモ～オイモ～オイモ～、甘い甘いオイモだよ、ゆっくりゆっくり走っているから、さあおいでおいで」。焼き芋屋の軽トラックが目の前を通り過ぎた。呼び止めると、「何本？」とお芋屋さん。一本出して三百円、二本め出して五百円。あっ、これぐらいで、と五百円玉を渡す。

◆芋を新聞紙の袋に入れながら「何でこんなに安いかっていうとね、遺伝子組み替えとかしてるからさ」と焼き芋屋。ギョッとしていたら、「おまけに茨城県は東海村でとれたんだよね」とニコニコ。冗談で担いでいるのか、本気なのか？買った焼き芋を子どもに食べさせていいのか？難しい時代、あってはならないことばかりだ。（O）

◆師走の千駄木三郵便局。エライさんの陣中見舞いにぶつかった。背広のオジサン、アタシに尻むけ「十八日までに年賀状を完売しましょう！保険も手を抜かないで契約をとりましょう！」と訓示を垂れ、局員、窓口の応対を中断して直立不動。利用者に頭も下げず立ち去った。

◆日曜日の公園で、遊びに夢中の女の子。勢い余って自転車を薙ぎ倒す。倒した自転車知らん顔。思わず「ちょっと、起こさないの？」と声かけて手を貸したつもりが、「なんで私がやんなきゃいけないんですかぁ～」にのけぞった。

◆歩道でベル鳴らす自転車も、バス停に止めてある自動車も、いつかまとめてブッ壊してやる。「なにか傷害事件を起こしたら、いつかやるんじゃないかと思っていましたって証言するね」と笑うO。

◆乗馬クラブの二日間無料招待券が当った。二人用だけど家族なら四人までOKというので、宙・牧・瑞樹・私で家族を偽装。子どもらはサラブレットに乗り、並足、早足をすぐに習得。どうして私だけ道産子なの？仲よくなったコーチに「お姉ちゃんは大学生」とか、「高校生のお兄ちゃん」「妹は四歳……」なんて無邪気に話している。「お母さん、お子さんがいっぱいでいいですね」だって。帰りがけ「ヤマサキさーん」なんて呼んだりしてヒヤヒヤもの。怒りの冬の気晴らしです。（Y）

◆今年はほんとに変な年だった。ミッチーとサッチーがどうの。なんていってる間にガイドライン法、通信傍受法、日の丸・君が代法制化がつるつると通った。

◆海外に行っている間に、無差別殺人事件が起き、実の子に保険金をかけて殺す親が現われ、さらに同じ文京区内の音羽で幼稚園児殺人が起き、世も末である。〞お受験〟という言葉は耳障りだ。山本夏彦氏いうところの〞猫なで語〟で気持ち悪い。子どもの受験に血の道を上げている母親は手応えある人生を送っていないのだ。夫の出世と子どもの合格だけが生きがいとは、なんて無駄な人生なんだ。

◆子どもは、イイ学校に入るために生まれてくるのではなく、したいことをするために生きているはず。やりたいこともないのにイイ学校入ってどうすんだ？もともと附属は大学の教生のためのモルモット校なんだし。お茶の水、筑波、学芸の附属はなくすか、先着順か抽選だけにすればいい。教授の娘は二人ともなぜか抽選に受かって幼稚園から入ってるとか、国立でもコネやウラが存在する。

◆コネやウラがあるのも止むを得ざる事実。憤慨も必要だが、差別や不平等があって社会が成り立つのも面白いと子どもに教えたい。コネもなく、女性差別もあってイイ勤め口から排除されたからこそ、「谷根千」という仕事を見つけることができたんだよ。（M）

免疫 アリ…
by つるよしこ
えーまゆちゃんとこも病気なの？
ヒコベーもだよ
はしか？
水ぼうそう
おたふくかぜ
がク、マスクしなさい。
うつると困る。なるだけ離して休ませよう
コラーッ
3人でくっついちゃダメ
数日後……
アタシもうつっちゃったよー
ほっぺ
アタマいた……
それならアンタが面倒見てよ

石抱き大名
by つるよしこ
産後の初出勤なんだから誰か迎えに来て
わかった行けばいいんでしょ
すごい荷物引越みたい
あたしはヒロシを抱かなきゃ
ヤマサキその資料取ってお茶もね
まったく人使いが荒いんだから…
なんたってあたしは石抱きの刑なんだからね
うちもいるんだけど…

「よしこは見ていた」

やっと春がきた。谷根千創刊のとき、
おぶっていた赤ん坊が大学生とは…。
最近は配達を手伝っても
くれる。

61号から80号
2000年3月〜05年7月

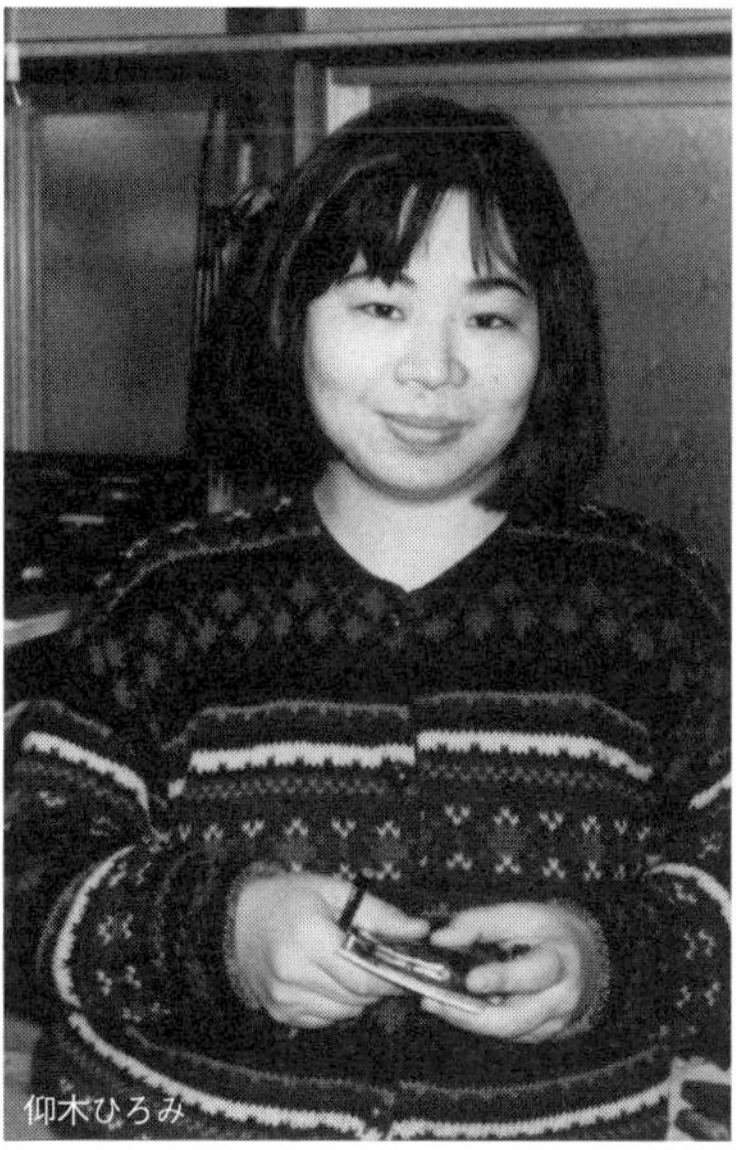

が来る。これから留学するのだが長屋に住みたい、蔵に住みたい。中には武家屋敷をご所望の方もいてびっくりした。ありゃあこっちが先に住んでらぁ。

◆奏楽堂、不忍池からえんえん、降り掛かる火の粉というか、モグラ叩きというか、よくもまあ次々と。で再び富士見坂です。読者のみなさん、読むだけじゃだめだよ。行動して。しかし思う。かくも怒りは人を若返らせるのかと。

◆再び不動産屋の話。でもね、銭湯と外食でいい人なら、新婚さんに二万円で四畳半見付けてあげられる。それが谷中です。そうだ、愛し合う二人には貧しささえもご馳走だった。懐かしいなあ。(M)

◆冬は常夜鍋、トリ鍋、豚の三段バラ鍋、カニすき、豚しゃぶと芯から暖まって、簡単で、野菜たっぷりで風邪から身を守ってきたが、春はドンブリ月間だ。

◆一月に温泉に一泊。大浴場前のロビーにマッサー

【其の六十二】 二〇〇〇年三月三十一日

谷根千の植木屋　その前編

「江戸の農芸」

◆島根の知人のお嬢さんを連れ、久しぶりに不動産屋を回った。時価は一九九二年をピークに三分の一に下がったというのに賃貸物件は案外安くなっていないんだな。二DK振分けというのは片方の部屋を通らなくても出入りできること。友人同士で共同生活するには必須の条件。

◆不動産屋で聞いた。谷中は寺と墓地ばかりで物件は少ない。ことにマンションは建っていない。そのわりに住みたい人は多いから物件はほとんどない。古い家に住みたいって探す人がときどきいるが、そんな震災前のビンテージものなんかなくて、戦後二十年代のモルタル塗りだよ。

◆そういえば谷根千にも春先海外からファックス

ジ機販売の出店あり。無料のお試しにつられ、いすに座った。背筋のばし、モミモミ、トントンと機械とは思えぬやさしいタッチで、痒いところに手が届く至れり尽くせりのマッサージ。

◆どうしても欲しくなって秋葉原で購入。家に入るとデーンと幅をとる。子供も岩盤状の母の肩モミから解放されるとあって、邪魔とは言わない。これさえあれば、君たちの手は借りないよ、と時間ある限り機上の人。毎日おまかせコース一・二・三のフルコースに空気圧の足モミも。

◆何日もかけて打った六十一号の原稿が、フロッピー異常でパーに。「バックアップは?」なんていわれても後の祭り。幸い印字しておいたので、フルスピードで土日に打つ。もう限界。首が回らないよ~。誰か肩揉んで~。といったら、娘が「マッサージ機があるじゃない」。「薄情なことといわないで揉んでよ」というと、「お母さん、これ買った時に言ったこと覚えてる? 機械は文句言わないし、人間が揉むよりずっと気が利いているって言ったんだから」。そんなことといったかなあ。でもやっぱり人間の手の温かさは特別だよ。だから揉んでよー!!(O)

◆富士見坂の富士山は、佐渡のトキではないだろうか。私は鳥をよく知らないし、佐渡へ出かけてトキを見ることはないだろうが、私たちが絶滅する前に追いやった日本古来の鳥を、その反省をこめ税金を使って保護することは正しいと思う。「東京の富士山」は私たちが絶滅に追いやる風景だ。東京都が、文京区が、荒川区が、私たちのお金を使い保全に乗り出すことこそ望ましい気がするけどなぁ。

◆さて、十年分のエネルギーを使った三カ月。「君はいつも家族を後回しにする」と機嫌の悪い連合いに、「あなたが一番」と笑ってごまかす。でも、すぐにのめり込む尻軽気性をどうにかしないと、きっとアイソを尽かされる。あぁ~。

◆留学先のニュージーランドから出稼ぎ（アルバイト）に戻った女友達のご所望で、土曜の午後にもんじゃを食べに出かけた。「やま」も「たこQ」も「壽華夢」も「よし川」も「おおき屋」も「小奈や」もやっていない。きっと谷根千もんじゃ協会は土曜の午後を安息日に決めているに違いない。ただ一軒、よみせ通りの「つくし」が営業中。きっと協会を脱会したんだね。安くて旨くておにぎりも焼き鳥も生ビールもあって大満足。

◆いい気分でそのまま有楽町へ。「地雷を踏んだらサヨウナラ」を観る。「おばちゃん、これサイコーの映画だよ。あたしゃ感動したよ」。さあ春です。（Y）

【其の六十二】　二〇〇〇年七月二十日

眠るにはまだ早い!!

「飲み屋探険隊がゆく」

◆四月九日。わが家から里子に出したハムスターの死亡通知がきた。「頂戴してから三年五カ月、楽しかった。満開の桜の木の下に埋めました」。もう一匹、スマイル企画の藤間さんちにいったのは今も元気。腹部の腫瘍を獣医の野沢さんの執刀で二度も切除したそうだ。「自分の名前も知ってるし、夜ねぐらにもぐりこむ前に私に挨拶するの。賢いね」。可愛がってもらって幸せな奴らだ。

◆私に中南米の楽しさを教えてくれた鈴木武雄くんが、元海外協力隊でニカラグアに赴任していた設楽美千子さんと結婚する。ふたりとも充分な大人で、美千子さんはお父さんの希望をかなえて結納の儀式をキチンとするという。仲人を頼まれ、あわてて本を読んでセリフを覚えた、根津のはん亭さんの三階で結納の品を交換する。「幾久しくお納めください」なんて照れる口上も、ご両親の真剣な表情の前では重々しく出てくるから不思議だ。

若気の至りで布団を持って家を出ただけの私には嬉しい初体験。
◆実はお茶会も初体験。気軽にズボン姿で出掛けたら、みなさん和服で素敵に決めている。こうした緊張の時間も悪くない。「お先に」「結構なお点前で」も新鮮。お菓子とお抹茶を交互に頂いたのはマナー違反だった。今度は気をつけよう。
◆さて、しばらくぶりに映画を観る人はぜひ「サイダー・ハウス・ルール」を。（Y）
◆何も持たない、のが簡素な暮らしの秘訣。なのにパソコンを買い、ピアノを買ってしまった私。最近やたらカードが増える。美容院のカード、クリーニング屋のカード、カラオケ屋のカード、ビデオ屋のカード、飛行機のマイレージカード、病院のカード、クレジットカード、みんな捨てたくなっちゃう。
◆クレジットカードに加入するとしょっ中、ポイントかせいで何かが当たると面倒臭い案内。航空会社はマイレージを貯めてハワイに行きましょうとか言ってくる。こういうのってうるさい。ちまちま貯めて少しだけお得、そういうことに心わずらわされたくない。
◆それなら町を歩いたほうがいい。坂を上った公園の目にしみる緑。子どもたちがさわいでいる。キアゲハが飛ばないって？こいつ生まれたてなんだよ。そうじゃない、おじいさんの蝶なんだよ。どっちかなあ。みんなで飛ぶのが下手な蝶を追いかける。
◆末っ子は勉強をしない。オレは天才だとのたまう。「天才は一％の才能と九九％の努力だとエジソンはいってるよ」と私。彼曰く「それは並みの天才の場合。オレは特上なの」「おやおや、寿司じゃあるまいし」「じゃ、お母さんは？」「うーん、上かな」「その場合、才能と努力の割合はどうなる？」「ハーフ・アンド・ハーフでしょ」。（M）
◆春は丼物と決めていたのに、五月はやたらと暑くて、枝豆に冷奴、後は熱々の餃子かーという日々。梅雨に入ったらまた寒くて、昨日は逆戻りしておでん。
◆毎日食べることに心を砕いているのも、末のあゆみを来年の小学校入学までにあと十センチ大きくしたい一念からである。何しろ小粒。最近、「納豆さまさま」というふりかけのおかげでよく食べるが、効果はいかに。
◆版下作業を終えて帰る真夜中、電気のついている家が以外に多い。同類がいた、と心強かった。夜も人は起きてるんだ。
　夜の谷根千の姿をあまり知らないので、一度取材したくて張り切ったが、せいぜい二時まで。体力なくなったなあ。
◆都の青少年に対するアンケートを受けた。「最近の青少年をどう思いますか」の問いに「よくなった、変わらない、悪くなった、どちらともいえない」みたいな選択式なので、答えに困った。一般的な青少年で、といわれても、よその子をじっと観察していないし、見かけで判断したくないし。家にも年頃のはいるけれど、こんなのって何の意味があるのかな。
◆その長男は、爆発頭の髪を久しぶりに切った。その名も「好青年カット」というそうだ。三三〇〇円。あと少しで十七歳になる自分をどう思っての事だろう。この三カ月に起きた信じがたい事件の数々を思うと人ごとではすまされない。（O）

【其の六十三】　二〇〇〇年十月十五日
江戸の谷中美人
「笠森おせん」
◆暑さ寒さも彼岸まではよくいったもの。ようやく金木犀かおる季節です。

◆夏休みは子どもの臨海、林間、クラブ活動と足並みが揃わず、やっと伊豆高原に。今年で家族旅行もおしまいかな。

◆駅からの一本道。いつのまに作ったのか、猫やペンギン、宇宙、アンモナイト、ガラスに陶器と博物館や美術館が建つ。入場料が高いのに驚く。昼食に入った店では一時間待って、出てきたのは水一杯とホットドッグ一本。お皿の余白はポテトチップ。これで千円。足んないよー。

◆口直しに、九月になって会津高原へ出掛けた。古い家並みやすすき輝く初秋の野山を満喫。樹木の専門家の説明で林を歩き、白樺と岳樺の見分け方の違いを教わる。丸太の製材を見たり、共同温泉を一晩に四件も巡る。三百年前に建てられた曲り家に泊まって、手打ちの蕎麦をいただく。一泊二日の盛り沢山な幸せ。旅のよさはちょっとしたことなんだなあ。

◆Yがある日「Oさんは上半身、私は下半身」と仕事分担を決めてきた。やや！なんじゃそれは。勘違いしそうな発言だが、どうも私の脚を気遣ってくれてのことのようだ。最近は足だけでなく目にも自信がないので、せめて口だけは回るようにしておかねば申し訳ない。

◆ある日嬉しいメールが届いた。南文蔵氏のお孫さんからだ。こんなことってあるのね。次号をどうぞお楽しみに。(O)

◆千駄木町弥生町曙町…、どうもウサンクサイ。「歴史のある」「文化の香り高い」「教育熱心」の町なんてクソ喰らえ。「下町」や「人情」も気味悪い。「コミュニティのある」「ほっとする」「心が安らぐ」なんて聞くとかえって疲れる。住む町を自慢することは悪くない。卒業した学校を誇りに思うことも、親の業績を讃えることも…ちっとも悪くないのに、格式や偏見を言葉の端に感じて、ガーンと打ちのめされるときがある。おおらかさや無邪気さの陰にある偏重主義を、谷根千は増長してやいまいかと気になる。

◆実は「氏子」制度にもひっかかった。土地の氏神さまという言い方はとても優しげなのに。「美人」もツライ。対する不美人、醜女がすぐ連想されるからか。というわけで今号も精根込めました。高善装束店のような仕事を知ることができてうれしかった。

◆シドニーオリンピックの期間中、テレビが家にやってきた。一九七八年型のチャンネル式。特等席に鎮座するテレビを、ご家来衆のように囲む。久しぶりに家族揃っての長い夜。女子マラソンのあった休日には、あの寝ボスケたちが早起きする。そして「お母さんも飲む?」とココアを入れてくれるほどやさしい。テレビがあるだけで、何だか幸せ。

◆私は校了前の忙しさで映画館に行かれない日々が続き欲求不満なのだ。(Y)

◆秋ですねえ。ようやく柔肌を刺す蚊もいなくなってヤマサキはひたすら食べている。食べても太らなくてうらやましい。

◆私はラクちんな服を着て、家をのそのそ歩き回るので〝森のくまさん〟と子どもに呼ばれているが、最近では〝ボケもん〟との新名をいただいた。

朝鮮からミサイルがとんできたとき、〝よかったねえ、ポテドンが当んなくて〟といって大方の失笑を買ったが、最近は〝タイガーウッズって新しいインターネット株?〟と聞いて、息子にあきれられた。忙しすぎて新聞も読んでない。

◆そんな私も夏の甲子園に続き、秋はシドニーオリンピックにはまってしまって仕事ははかどらず。百メートル走って九秒ってすごい。私は五十メートル九秒だ。水泳で五十メートル二十六秒はすごい。私は二十五メートル二十六秒だ。

◆地下鉄南北線はあんまり好きじゃない。駅舎の設計が悪くてむやみと歩かされる。ガラス張りの狭苦しいホーム。めったに来ない電車。でも目黒の方までつながってちょっと嬉しい。電車も増便だそうだ。麻布十番に温泉入りに行かなくちゃ。
◆さんざ、子どもを〝捨て育て〟してたくせに、息子の試合の結果に一喜一憂。〝子ゆえの闇〟とはよくいったもの。しかし親バカくらいやってられないと、子どもは何処へいってしまうのか？（M）

【其の六十四】　二〇〇〇年十二月二十八日
心とからだを整える
「谷根千ヒーリングスポット」

◆寒くなります。十一月、カリマンタンに行きました。旧ボルネオといって、インドネシアの島です。成田—台湾—シンガポール—ジャカルタ。郊外のボゴールに一泊し、パランカラヤに飛びました。森林火災のニュースを見た方も多いでしょう。その森が回復していない。どうにか木を植え育てようという北大のプロジェクトの見学です。オランウータンにも会いました。赤道直下の川で泳いだ。
◆カリマンタンでは一行九人中二人、マッサージのうまい人がいて毎日が極楽だった。もはや飲み仲間より揉み仲間か。
◆「明日から大会だよ」と息子。「そうお」と私。「ちぇっ、ヤマサキさんならユッピいよいよ甲子園ねっていってくれるのに」。娘、「今日私誕生日だよ」
「そうお」。「それはないでしょ。ひろねーねならケーキ焼いてくれるよ」。うちの子はYとOを尊敬している。YとOの子は？
◆十人ほどの女友達の中にすごくモテル人がいる。なんで彼女ばかりがモテるんだろ、と残りの九人がボヤいた。ひとりがいった。「あたりまえじゃない。彼女はシャツのボタン三つ目まで開けているもの。あんたたちトックリなんか着ている場合じゃないわよ」。よく見ればみんなタートルネックを着ていて大笑い。

◆脈絡ないですが、じつに「男は真心」だと思う今日この頃です。(M)

◆スポーツクラブで週に一度、呼吸法や経絡を使った「健美操」というクラスに通っている。インストラクターが、「ほかのことを一切考えないで」、とか「痛い人はしなくていいですよ」といってくれるのがうれしい。鼻から吸って口からフーッと出す呼吸法は意外に難しい。

◆最近、耳鳴りと後頭部の痛みを感じた。体にいいことの取材をしているのに……。原因は次女あゆみのお受験だ。学区域の小学校に事前検診に行き、玄関のなまはげの人形に驚いて三日間夜泣きした。そこで某国立大付属小の願書を出してみたのだ。動機が不純で申し訳ないが、不正な手続きをせずに行くことの出来る学校と思ったから。これが私にとって大きなストレスだった。一次の抽選受かっただけなのに。近くの小学校に「裏門からなら行けると思うよ」とあゆみが言ったので、お受験をやめたら頭痛が治った。

◆家の窓にサンタさんへの手紙発見。「クリスマスにはすくってもすくってもなくならない雪を降らせてください」。なんて純粋!「てぶくろとリカちゃんのベッドください」。なんてかわいい!「ブルガリの時計をください。なるべく高くてダイヤモンドのついてるやつ」。それがありなら、私だって手紙書くよ。

◆あっという間の一年。来年は、悩まない、前向きに、明るくをモットーに、二十一世紀をしたたかに生きよう。(O)

◆Mの息子に会いに沖縄に言った。早朝から馬の世話、厩舎の掃除と、十四歳の少年は東京では見せたことのないやさしい顔して働いていた。私も馬場ならしを三時間。砂漠で砂運びをしている気分。日サロに行かずともまっ黒です。

◆沖縄は意外や出版王国だった。一三〇万の人口に版元は五十社、毎月三百冊の新刊がでる。でも、まともな給料をだしているのは三〜四社。あとは生きるに足るわずかなお金を右や左に移動させて「作りたい本を作っている」んだそうだ。そんな出版活動が沖縄ではできるんだそうだ。そして「同じことを東京でやっている谷根千はスゴイ」んだそうだ。

◆これは神保町で行われた「本の学校シンポ」の交流会での話。谷根千の制作・販売が出版の未来を考える糸口になる、と持ち上げられた。ホンマかいな？「作りたいものを作る」自負はあっても、それを売るのは難しい。シコシコ作り、シコシコ配達することにも限界がある。クソッ、私だって儲けたい！

◆儲けた金で空を買う。富士見坂から富士山が見えるように、上野公園のスカイラインは木々であるように。空中権バンクを日本に設立するのだ。

◆スペインの映画監督ペドロ・アルモドバルにはまってる。「オール・アバウト・マイ・マザー」「ライブ・フレッシュ」「私の秘密の花」。ビデオ選びの参考に。（Y）

【其の六十五】　二〇〇一年三月二十五日

六阿弥陀　六地蔵

「谷根千の巡礼みち」

◆春になると「何かやろうよ病」が町のあちこちで芽吹きます。その一つが「上野・谷中日和り」の蕾となりました。上野高校出身のアラーキーや大西みつぐをはじめ、そうそうたるメンバーが写真を並べます。この花の種は人気《じんき》で畑は良質。肥料は豪胆、寛容、機嫌のよさ。どうぞみなさんお出かけください。陽気な花見にケチな話はしたくないが、実はお金に困ってます。会場でカンパ箱を見つけたら、銀貨一枚入れてください。
◆特集の巡礼路を歩きながら、頭の中では吉田拓郎の「私は今日まで生きてきました～」の曲がリフレインしていた。映画「旅の重さ」で、子どもだった高橋洋子はトレパン姿で四国の巡礼路を歩き大人になる。親や家から離れてトボトボ歩く姿に憧れたもんだった。
◆社員旅行の国東半島で、磨崖仏を見るために山を登った。アジアの旅で鍛えたMは足取り軽く、下で休んでいるはずのOまでえっちら登って「だって足痛くなかったんだもん」と言う。仏さんの導きもさることながら、旅の空が薬なんですね。
◆おさんどんに飽きた母に代わり、息子のガクとニュージーランド帰りのメグちゃんが時たま来て食事を作る。餃子にトンカツ、パスタにグラタン、キャベツのサラダに野菜スープ……。十九歳が作ればなんでもウマイ。新規メンバーを迎えた食卓は、とにかくにぎやかです。（Y）
◆出版不況だ、全般不況だと暗い顔する人が多いけれど、もともと儲かるわけがない職業だし、私は楽しくて仕方がない。末っ子は不登校ののち、十四歳で沖縄で牧場と環境教育の仕事を始めてしまった。勉強はインターネットを使って自学自習。同年代の友達との接触を心がけているとか。
◆ちゃっかり母さんは、息子のつまづきを可能性に変え、沖縄と馬という新しい熱中の対象を見つけ、三線（さんしん）をかけながらレゲエを踊り、沖縄料理も作っている。ことしは馬でトレッキングの予定。
◆娘は安いチケットでパキスタンとインドへ行って帰ってこない。まん中の野球少年と二人で家が広く見える。「ご飯作ってあげるから……」「肩揉んででしょ」と仲良く。
◆田山花袋は九歳で上京して丁稚になったし、鷗外は十二歳で東大予備門に入ったし、林芙美子も十代で工場やカフェで働いていた。学歴主義日本には十代の社会参加のチャンスが少なすぎる。

◆三月二日、お雛さまの前夜のことを忘れません（確連房通信参照）。楽しく飲んでた若い方に無理を言って失礼しました。そば「川むら」さんにもご迷惑かけました。それでも夢のような一夜。ヤマサキは「芸大へ行って白いチェロケースの君を探したい」そうな。オバサンも極まれり。（M）

◆前号を読んだ知人たちは、あゆみに会うと「ナマハゲもう恐くないの？」と聞くので、あわてる。その話は本人には秘密。節分も恐くないお面でやりました。

◆四十数年前のお雛さまを飾った。父母が毎年少しずつ買い足してくれた思い出の雛なのに首が抜け、手がもげ、太鼓が潰れていた。大事にしなくては。ひな祭りの翌日、「早く片付けなくちゃ」とあわてていたのは中二のゆず子。「お嫁にいけなくなっちゃうもん。あゆちゃんも手伝って」というと、「あたしはお嫁なんか行きません」ですって。

◆長男から通算十五年間通った保育園とも三月でさよなら。四月からは送り迎えなしの自由の身。お楽しみはこれからだ。

◆保育園なくして我々はあったか。答えはノー。この四月から文京区は区立保育園の保育士を十七人削減するそうだ。父母のニーズに応えるといいながら、本当に必要なことがわかっているか、疑問です。

◆四国九州旅行は私には大旅行でした。着替えの風呂敷包みをYに甘え、私の所持すべきものは三Kの体、金、カメラだけ。幸せでした。そして有り難うみんな。

◆先日訪問看護ステーションきょうわの開所記念講演で、聖路加病院の日野原重明先生のお話をうかがった。「すなわち」とは物事を簡単に説明することで、難しい言葉に置き換えることではない。ホントにその通りです。（O）

【其の六十六】 二〇〇一年七月十日

大切なもの、いかに残すか

「わたしの町の文化財」

◆谷根千でホームページを作って一年。マウスも使ったことがなかったのに、毎朝、仕事始めはメールのチェック。相手の時間を気にせずに送って、都合のいいときに見ることのできるメールはとても便利だ。注文も来る。メーリングアドレスで一度に多くの人と話題を共有することができる。でも、何かさみしい。

◆最近、谷根千の郵便受けもさみしい。入っているのは、マイラインの案内か、請求書。家に帰ってポストを見ると、難関校突破の塾や通信教育のお誘い、家庭教師の案内、と頼んでもいないものばかり。ああ、友達からお手紙来ないかなあ。

◆谷中の老舗花重さんのクイズに答え、紫陽花の鉢をいただいたのは去年の今頃。庭に植えたから、今年、たくさん花が咲きました。切り花にして部屋に飾ったら、長女が「お母さんって紫陽花の花って感じ」という。理科室の外の紫陽花を見たとき、「あ、お母さん」と思ったそうで、ちょっとうれしかったな。

◆一年生になって三カ月のあゆみ、ようやく落ち着いたと思った頃、大阪の恐い事件で大人も子どもも緊張の毎日です。谷根千ホームページで「一年生日記」を始めました。お暇があったら覗いてね。

◆千駄木の島薗邸の改修も終わりました。この五月には登録文化財に。秋から活用されるとのこと。安田邸はいまだ修復中。庭園の剪定をしているとか。(O)

◆東京の町はいつからこんなに汚くなったんだろう。川島雄三の映画をみに三百人劇場へ通いながら考えた。川島といえば、フランキー堺主演の「幕末太陽傳」がよく知られるが、私は「喜劇とんかつ一代」や「洲崎パラダイス赤信号」が好き。とんかつ……は不忍池や上野広小路、本郷菊坂あたりの風情がたっぷり出てくる。公開は一九六三年。瓦屋根も格子窓も引き戸も縁側も、色合いや形がすっきりして、質素で美しい町なのだった。

◆小中卒業式と中高入学式をこなし、運動会の応援に行き、バスケットのインターハイ予選を観戦しているうちに、またも夏の谷根千が遅刊となってしまった。何とか六月発行に戻そうと思うのだが、十六号井戸特集以降いつも仕上がりは七月にずれ込む。谷根千も大事、顔見知りの子らの青春をかけた戦いを見届けるのも大事……で悩みは尽きない。

◆駅伝、バドミントン、バンドのライブと、どれも捨てがたいが、ひとつを選ぶとすれば野球になる。野外で気持ちはいいし、予選からビールも売っているし、応援も個性があってよろしい。バスケだと「じっくり一本」か「三点シュートをありがとお！」のかけ声でペットボトルを叩くくらいがせいぜいだが、野球は歌あり、ブラバンあり、くち三味線あり、踊りあり、水かぶるのありで、高校生のスタンド演芸も楽しめる。さあ、夏だ。（Y）

◆今年になってからも、タイ、北京、香港、アメリカを旅した。タイでは伝統的な林業を守るイサーンの人々に出会った。

◆北京でも四合院や胡同といった建物や路地を指定して残す努力は見られた。が、オリンピック誘致を前に、高層化近代化の力のほうがずっと強い。

◆香港では植民地時代の洋風建築などをどう保存し再生するか論議していた。カフェバー、ホテル、ダンスホール、記者クラブ、ギャラリー、さまざまな大胆な提案がなされ実現もしていた。

◆日本では世界遺産をいくつ回るツアーというのが流行っている。世界遺産もそこの地域の人々が守ってきたから残っているわけで、そのことへの敬意もなく、ただで見て、旅行会社を儲けさせるだけだとしたら、ひどく失礼な話だし、あまりに文化水準が低いのではなかろうか。
◆現実、世界遺産に指定された岐阜の白川郷では観光客が押し寄せ、地元はパニック。観光収入に心荒ませる人も出てくる。先日訪ねた石見銀山も世界遺産の候補地だが、人口五百人の、一筋しか道のない町にどっと観光客が押し寄せることを懸念する住民が多い。健全なことだ。
◆自国の誇りとは、南京大虐殺はなかったなどと強弁することからは生まれない。私たちの文化、自然、あやまちもふくめ一人一人の記憶を誠実に継承することからしか生まれないと思う。（M）

【其の六十七】 二〇〇一年十月十五日
谷根千の甘ーい生活第二弾―ケーキ屋さん案内
「秋色モンブラン」

◆ある集会の感想に「子どもの泣き声で話に集中できなかった。子どもはキライなもんで」と書いてあった。いい年をした大人の女性である。キライと簡単に言い切れることに寒気がした。
◆こういう思考停止を許していると、ユダヤ人はキライ、朝鮮人はキライ、年寄はキライなもんで、とすぐに言い切れる社会になりかねない。
◆娘が「千と千尋の神隠し」の映画へ行ったら、子どもが泣き出し、前のオバサン二人が「子ども連れてくるなんて非常識よね」と言ったそうだ。娘は「子ども向けの映画に子ども連れてきて、たまたま怖くて泣いて何が悪いのさ」という。
◆研究会や美術展に子どもを連れ回してヒンシュクを買っていたころを思い出す。とにかく泣いたら出よう。それだけ思ってドキドキしていた。みな大きくなり喉元過ぎた今、幼児を連れた年若いお母さんの、心を思いやる余裕だけは持ちたいと思う。

◆小泉総理は保育所を作ると公約にかかげたが、施設があれば女が子を産むってわけじゃない。子どもとともに生きにくい世なのだ。ちょっとのびのび遊べば、うるさい、邪魔だ、と警察に通報するヤツがいる。子育ては楽しい、と言うと、子どもを持てない人への差別だ、とくる。ビールが好きだ、はアルコールを飲めない人への差別なわけ？　変な世の中。（M）

◆とうとう三人とも老眼鏡のお世話になった。いや、シニアグラスといったほうが聞こえがいい。お互いに見慣れないメガネ顔がなんだか新鮮。

◆五年ぶりに保健所へ節目検診に。覚悟はしていたがいろいろ引っ掛かり、栄養指導や健康指導を受けた。エエイ、俎の上の鯉だ。体重もバレちゃったし、ダイエット頑張ろう。ど貧血も治そう。と、ひじきやサンマをせっせと食べる。

◆耳鳴り、痺れ、肩凝り。こんな症状はみんな更年期障害ということにしているが、そんな私と知ってか知らないでか、出会い系サイトのメールが毎日ケータイに入る。甘い言葉と「女性はタダ」が多いので、連絡する人がいるんだろう。非常に危ない。迷惑メールに怒っている。

◆もうひとつの脅威は我が家に出没する蟻だ。台所のタイルの目地の小さな穴や冷蔵庫の下から出てくる出てくる。昨日はあっち、今日はこっち。梨の皮、菓子袋、ゼリーカップ。「お母さん助けてー」と子どもが悲鳴をあげる。蟻ときりぎりすの話には納得するが、蟻さんエライエライとばかりは言っていられない。

◆モンブランを作った。栗を蒸し、皮を剥き、裏ごし。バターと砂糖を加え、クリームを作る。台のメレンゲを焼く。飾る栗を甘露煮に。生クリームを泡立てる。できた物を組み立てた。不出来。こりゃ大変手間のかかった菓子である。（O）

◆お諏方さまのお祭りはいつも通り賑やかで、あんな騒動が持ち上がっているとは思えない。だが今、日本中の神社がヤクザの資金源として狙われているると聞く。近くでは鳥越神社も実はひどいことになっているんだそうだ。平和ボケの私がカウンターパンチを食らった夏だった。

◆中一の娘と信州経由で高知へ。明科では旧家の蔵から発見された三百年前の古文書「三浦家所蔵竹取物語」（という設定の高尾五郎作の小説）の朗読会に参加した。この先には人家がないというドンづまりの古家で、家主の三好さんや、品川で学童保育の指導員をする竹内さんや、径（こみち）書房の原田さんたちと夜を徹して音読する。森のばけものと同化した晩だった。翌日は大阪南港から高知行きのフェリーに乗船。満杯で居場所がなく甲板で一夜を明かす。潮風で髪がベットリ、私はもう人間じゃあない気分。

◆秋になって千駄木の黄色い家「ブリックワン」のオープニングパーティへいく。鉄骨の木造家屋、素朴で優しくて不思議な空間だった。近隣のひとりとして、新しい試みを怖じけずに楽しみたい。

◆谷根千と同じ匂いのするミニコミ紙「中南米マガジン」に映画評を書きました。この志高いマイナーな雑誌が気にかかる。どうか谷根千買ってまだ余裕のある方はご購読下さい。千駄木の「古書ほうろう」にもあり。谷根千からも送ります。（Y）

【其の六十八】　二〇〇一年十二月二十五日

お肉屋さんへの応援歌

「今夜はスキヤキ」

◆冬はこたつで江戸の噺…の予定が狂牛病、もとい伝達性牛海綿状脳症（TBSE）に変わった。でもこの牛海綿状というのが言いにくいうえに覚えづらい。「海綿」が死語に近いんだね。子どもに「海綿とって」と頼んでも「なにそれ」という顔するもの。スポンジならピンとくるかな、牛スポンジ状脳症と呼んでいたら〝牛が狂う〟なんて通称を使わなくてすんだんじゃないかしら。なんかヤダ。牛は狂ってない、狂っているのは世の中だもん。

◆ホントは「肉屋さんのコロッケ行脚」コラムの用意があったのに時間切れで挫折。せっせと食べ比べてくれたのにユッピごめんね。それにしてもコロッケは奥深い。姿形は同じなのに、味は店によってメチャクチャ違うんだから。重さと値段は比例しないこともわかった。途中経過では根津の寺島肉店のコロッケ（百円）が人気でした。タマネギの味と香りがバツグン（ユッピ評）です。

◆映画の評判は悪いけど、「バトルロワイヤル」を本で読んだら、これが面白い。ハラハラしながら一気に読み終えてしまった。「忙しいと言いながら君は映画を見てる」という連れ合いの冷たい言葉にめげずそーっと家を出て映画館へ。中国映画「こころの湯」は必見です。子どもが大きくなって嬉しいのは自分で食事が作れること。よかったよかった。（Y）

◆小泉総理ってのは考えがないうえ、そそっかしいともともと思っていたが、靖国参拝以降、本当にこんな人間に国政を任せといてよいのか恐ろしい。テロ特別法成立の日「アメリカのテロは人ごとではない。これでやっと日本も真の友人になれる」みたいなことをいった。私にはアフガンの民衆のほうが人ごとではない。

◆もちろん、六月にニューヨークへ行ったとき、超高層ビルの狭間にコミュニティ・ガーデンを作っている人たちに会った。畑を耕し、花を植えている彼らの姿を思い出すたび、テロなんてとんでもない、と思う。

◆アメリカに友だちがいる。でも愛媛丸の対応、京都議定書にサインをしなかった、沖縄米兵の相次ぐ強姦、と私のなかでアメリカという国家への怒りは臨界まで達していた。ずっと蹂躙されているアラブ―イスラムの人々にどう思われているのか。アメリカは自己像が見えてない。

◆八月初め、テロの前に京都で中村哲医師と会い、アフガン国境の人々の話を聞いた。放っていても旱ばつと飢えで死にそうな国を豊かな超大国が空爆してよいものか。急に湧き出て危機をあおるイスラム・軍事評論家の話より、十八年地道な活動を続ける彼の本を読もう。

◆同じく十八年、私たちは谷根千で井戸を掘っていた。浮き足立つことなく、日常の思想を鍛えなければならない。（M）

◆九月に起こった事件が特集になった。狂牛病とテロ、それに対する報復攻撃。こんな世の中でも、日本の受験戦争はかわらない。偏差値がどうのと言ってる場合じゃない気もするがやるしかない。

◆この二カ月、毎週土曜日には高校の説明会に。三年前の長男の時より共学が増え、制服もかわいくなった。が、特進や国際、留学クラスなど、入学時すでにコースに別れている学校ばかりで、普通の学校が少ない。四年制大学の進学率を誇る学校も多い。ＭＡＲＣＨ（マーチ）とは明治、青山学院、立教、中央、法政の五大学で、ＪＡＬ（ジャル）は、上智、青山、立教大学なんだって。初耳だな。

◆いい大学に入るためのサテライト授業（大手塾の授業が学校でいながらにして受けられる）、土曜講座（五日制ではあるが）、パソコン授業、ここまでやってますというのが私立。都立高校に入ると六三三一四制といって、一浪は覚悟してといった雰囲気。どっちを選べばいいのか。あっ、受験生は私じゃなかった。でもこの際だからいろいろ見ておこう。悩んでる人は私に聞いて。カッコいい先生がいる学校も知ってるから。

◆春には、悪夢から覚めた仰木家があるんだろうな。そしたら家族旅行に行こう。

◆今年の私の支えは何といってもイチローさんでした。ここに表彰いたします。ありがとう。（O）

【其の六十九】　二〇〇二年四月十日

緑の台帳をつくろう

「谷中墓地の樹木」

スリーイヤーズ・イン・チベット

「河口慧海と根津宮永町」

◆やっと春がきた。谷根千創刊のとき、おぶっていた赤ん坊が大学生とは…。最近は配達を手伝ってもくれる。

◆長女も四月からめでたく高校生に。制服のない学校なので、自分なりの制服を作りにデパートに行った。好きなスカートにブレザー、シャツにネクタイ、ハイソックス。洋服のバイキング。オリジナル版制服が出来上った。これで雨の日も晴れの日も、悩まずに学校へ行けるね。

◆平屋がある風景が好きで近くに越して六年目。その平屋の住人が越し、次の日から解体工事。三日後、仕事から帰ったら辺りの風景は一変。路地のどん詰まりに広い空き地がぽっかり。

◆そして家の窓から見える木も切られた。落葉掃きは大変だったけど、夏の木漏れ日、涼しい風は我が家の生活に潤いを与えてくれた。それがある日突然伐採工事が始まり、姿を消した。理由は塀越しに木の根が隣接地へ張っているため。電ノコの音が聞こえた時はすでに遅かった。

◆谷中墓地の支障木や、池之端のマンション計画の取材の最中、自分の家の隣でこんなことが起こっていた。事実がわからないのに噂だけが先回り。人間関係も何となくよくない。こういうときこそ、コミュニケーションが必要なんだ。

◆誰を信じ、何を食べ、どうやったら安全に家族が生活できるのか。自分で判断できる確かな目を持たなければ。(O)

◆三月に出るはずの春号が四月になった。毎度の遅刊もその事情はいつも違う。特集が二本、二冊同時に作ったような疲労感。なのに三人とも記事を次号にまわそうとは言わない、まったくガンコなんだから。最後はヒマラヤの麓で慧海さんとイチョウを伐採している夢を見た。

◆旧正月にモンゴルに旅をした。冬で凍った草原の遊牧民のゲル（家）に年始参り。知合いの知合いの知合い（結局は未知の人）のゲルで、両手を重ね、耳元に口づけの挨拶。嗅ぎタバコを交換し、チャイを飲み、アルヒ（三十五度のウォッカ）で乾杯し、馬乳酒を振舞われ、ボーズ（羊肉のギョーザ）で腹を満たす。テーブルには日本の鏡餅に似た小麦粉で作ったお供えがあり、自家製チーズをつまみ、家長が羊のスモークをナイフで削いでくれる。次に行こうと十数キロ離れた隣、隣とハシゴする。人をもてなすのも泊めるのも、あざやかで寛容だ。

◆外は氷点下二十度、満点の星も凍りつくが、ゲルの中は暖かい。暖を取る燃料は乾いた牛糞。まったく臭わないいし燃えカスも出ない優れものだった。

年始参りの移動は馬と駱駝、モンゴルの草原を何十キロ走ったろうか。草競馬に出場する少年たちが、馬を元気付ける歌を朗々と歌う。木遣を思わせるその声に感動する。

◆モンゴルの人に負けないで、私も人をもてなそう。さぁ飲みにおいでよ！（Y）

◆いま私が気になっていることは三つ。一つはクレオールということばの正体。アフリカなどが植民地化する過程で欧語が現地に入り混成語が生まれた。そのとき同化したのは妥協したのは、卑屈になったのは誰なのか。横浜が居留地のころ、人力車夫は「How much ?」をハマチと覚え、これをピジン・イングリッシュなどと呼ぶ。たまたまクレオール焼きというお好焼きを見つけて以来の謎。

◆も一つ、大阪の通天閣にビリケンさんて木像が信仰を集めている。十九世紀にある女性のアーティストが目の釣り上がった、尖った頭の人形をデザインし、人気が出た。何を表現しているのか謎。

そういえばビリケン寺内内閣というのがあった。寺内正毅はビリケンに似てるし、非立憲主義だったかららしい。ふうむ。それだけビリケンが知られてたってこと。

◆第三にアクア・パッツァ。ナポリ近くでこの料理を食べ「気違い水」料理と書いたら通らなかった。何故そういうのか。船上での漁師料理、鍋にオリーブオイル、にんにく、鷹の爪、そこに白身魚を丸ごと入れ、湯をじゃっと注ぐ。トマトに塩で味付け、それだけ。実にうまい。湯を注ぐときオイルがパチパチはねるから？気が狂うほどおいしいから？謎だ。それでも白山「アンジェラ」の女主人のは私のよりうまい。娘が言うには「それが主婦とシェフの差」だそうな。（M）

【其の七十】 二〇〇二年七月二十日
家族の肖像「うちわの太田屋のこと」
手仕事を訪ねて「江戸鼈甲《べっこう》」

◆Wカップの間は日本にいたくないと思ってたのに、始まってしまえばつい熱狂。髪型や色は個人の自由だが、銀髪赤髪が嫌いなのも私の自由。やっぱりホン・ミョンボとかファン・ソハンなど韓国の渋い三十代がカッコいい。でもなんでテレビはカタカナで新聞は漢字なんだろう。

◆アン・ジョンファンには沖田総司が似合うかも。悲しみのあるしょうゆ顔よりやっぱり髪が懐かしい。昔は恋人の長髪をなでたり指でとかしたりしたものだからね。でもずっと後で「もう頬づえはつかない」や「青春の蹉跌」を見ると奥田英二もショーケンも小汚いだけだった。

◆「若い女の子がいるとヘラヘラする男たちを見れば『バカな奴ら』というくせに、美少年を前にすればヘラヘラする」（星野博美「銭湯の女神」）に爆笑。自分のことだから。で一カ月、テレビの前でヘラヘラして、多分、日本中の女がそうで、国内結婚率はまた下がるだろう。
◆上海の占い師に「あなたは九つの才能のうち三つしか使っていない」と言われた。うれしい。あと六つ探してるとこ。
◆久世光彦「家の匂い町の音」に「私は、畳の上で死にたい」と書いてあって仰天。私は畳の上でだけは死にたくないと思ってた。大杉栄とかキャパとかサン＝テグジュベリのように。そうか、久世さんは、大病院のベッドの上で死ぬのは嫌だということなんだね。（M）
◆十八年たっても興がのるのに時間がかかる。歳かな？W杯のせいにはすまい。
◆町の中のW杯。タクシーの運転手さん「道がすいていて東大病院から大宮まで一時間かからなかった」。坂下の焼肉店「W杯共催記念、焼肉食べ放題」。H古書店「本日は決勝戦のため店は十七時に閉店いたします」のはり紙。などなど。
◆Mは、鷗外や芥川を追って海外へ。Yは、戦争の跡やマンション紛争の現地を辿って町案内。なぜか私は子どもと忍者修業。その姿を想像して頂きたい。忍者のお頭から命を受け、忍び足で追跡開始。見つかりそうになると猫に変身したり、壁に化けたり。ドリフのコントみたいだが、子どもたちは真剣。風呂敷覆面の顔は汗びっしょり。ああ楽しかった。
◆協和会の蔵を補修作業中、大工の塚田さんにおもしろい話を聞いた。「大工より左官の方が昔から日当は高い。それは聖徳太子が決めたこと。左官さんは雨が降ると仕事がない。でも雨の日もご飯は食べるからね。今でも建築に関わる者は太子講をしてますよ」。聖徳太子は寺院建立史に大きな足跡を残した人。墨壺や曲尺も太子の考案とか。
◆七月九、十日のほおずき千成り市（駒込大観音）でうちわ屋をやる。いろんな人にうちわ絵を描いてもらった。労作揃い。熱風がきそうなのも。自分

で描いてみると勇気がいるんだなあ。これが。(O)
◆団扇と鼈甲。どちらも「江戸」の冠がつく工芸品だが、一方は職人技として今もこの町に息づき、一方は消えてしまった。家内工業という働き方が、もうずいぶん前から日本中の町で、できなくなっている。今、「家族総出で…」働くことってあるかなぁ。
◆ただ、木版刷りの江戸団扇は谷中いせ辰にありました。一本2800円。私が仕事場で使っているのは、そんな風流なものじゃなくて、文化祭で子どもらが作ったもの。もっぱらハエタタキ専用です。
◆さて、七十号になりました。いつまで続くの？と聞かれると「ヘッ?」と答えてここまで。年商十億を目指してるんですが、わずかにふた桁ほど届かない。貧しさゆえの職場内殺人も起こらず、よく持ちこたえたもんです。十八年前から私たちを知る友人は、「Oさんは過程を大切にし（慎重だけど決断力がないってこと）、Yさんは結果がすべてで（安易で後先考えない）、Mさんは効果を最重視（先見の明があるが打算的）するから歯車がよく合う」そうです。そうかなぁ？
◆「やねせん銀幕探偵団」（愛称「銀団」）を設立しました。つまり、スクリーンに町の風景、懐かしい建物を探してきては吹聴しようというわけ。団員は現在、池之端のM嬢とアタシ。一段落したら活動開始です。さて、私の上半期ベスト1は「ノー・マンズ・ランド」。渋谷で上映中。(Y)

【其の七十一】 二〇〇二年十月二十五日
谷根千落語三昧
その壱「志ん生のいた町」
その弐「寄席はすぐそこ」
◆落語も寄席も不案内だ。「谷根千」の創刊二号を根津寄席の中入りで売らせてもらったのに、肝心の話は赤ん坊の世話にかまけて聞かずじまい。十八年前に谷中全生庵で「円朝まつり」をするんだと寿司乃池での実行委員会に参加したが、覚えているのは寿司のおいしかったこと。第一回円朝寄席の出演は、古今亭朝次、三遊亭好楽、桂圓枝の各師匠。落語家を噺家といい、真打を師匠というのが恥ずかしかった。出演前にお茶を出して「あの、噺家のししし、師匠さんどうぞ」とやって笑われた。

◆数年前、娘が「TBSラジオ寄席」にハマり、ラジオにかじりついてゲタゲタと笑い転げる。その子にねだられて上野鈴本へ行ったのが遅ればせの寄席初体験。

◆それが昨年あたりから、落語がじわじわっと私たちを包囲してきた。若手の落語会「五人廻しの会」に誘ってくれたのが北村さん。桂文我師匠の親子寄席に呼んでくれたのが長久保さん。谷中の落語スポットを書いたのはペンギン抱えた高野さん。志ん朝復活のCDは鈴木さん。

◆あらためて町に出て問えば、「落語！大好きなのよォ」と誰もが答える。あの師匠もこの師匠も、あの人もこの人も住んでいるんだってねぇ、という。

◆で、落語特集。谷根千読んで、みんなで寄席に行きましょう。載せ切れないあの噺この噺は次号廻しとなりました。(Y)

◆年間、日本では三万人の人が自殺する。殺人も交通事故も、拉致も大問題だが、三万人も自分で自分の命を断つしかない国というのもオソロシイではないか。

◆もちろん自死も一つの権利。この世に何も未練がなくなればオサラバもよい。でも、リストラや成績不良や親に叱られたや、借金ぐらいで追い詰められて死んでは無念。みんな、そんな事やめような。

◆志ん生さんは一生、着物だったようだ。満州行ってマゴマゴして、ぐいぐい酒飲んで、おんぶされて風呂屋へ行っても「あの女、オレに気があるぜ」ってそれで生きてけるんだから、それでいいんだ。

◆競争社会に負けた若いモンが「沖縄っていつからテーゲー（いいかげん）になったんですか」と聞きにくる。沖縄に癒されたい甘えん坊が多いけど、むしろ日本がいつからテーゲーでなくなったか、自分を問うた方がいいんじゃないか、と関西沖縄文庫の金城馨さんは言ってた。

◆上野駅で唐ガラシラーメンの元祖「一蘭」に入った。入口と出口は別。待ち人一人につき三十秒しかお待たせしません。のれんをくぐり、食券を買い、空席のランプに従い、まるで選挙の投票所のような両側壁の一人席へ。前のスダレが開き、注文表をとっていく。「声を発せずに注文できるシステム」だとか。お化け屋敷のような覗き部屋のような。対人恐怖症専門店かもしれない。こわい流行だ。（M）

◆夏休み、千葉の館山に行きペンションに泊まった。夕食後、ご主人が近くの海岸に「海ホタル」を採集するために連れていってくれた。

◆「海ホタル」といえば東京湾を横断するアクアラインの休憩所と思っている人がほとんど。ちょっと残念。本物は、砂地の海底に住むミジンコの仲間。夜、活動する米粒ほどの生きもの。腐った魚を食べる海の掃除屋だ。英語ではシード・シュリンプと言うそうな。

◆採集方法は簡単。蓋に穴を開け、魚の切れっ端を入れた瓶を沈め、待つこと十分。紐を手繰り寄せると、くるくる回る蒼い光の物体が採れた。青紫色の液をはき出すので水が光る。川が流れ込まず、ライトアップしていない砂地の海しか生きることができない。暗い海岸は今じゃ少ない。館山は貴重な生息場所だ。

◆昔はそこここにいたという海ホタル、戦争中は軍事目的に研究された。お国のためと、子どもたちに集めさせた話もある。乾燥粉で光源にしようとしたらしいが、実験段階で終わっている。

◆十月の新月の晩、いつもは海底にいる海ホタルが海面に上がってきて、いっせいに光るらしい。集団お見合いだそうだ。いや、求愛行動といったほうが感動的か。種を保存するために太古から延々と繰り返されてきたこのお見合いを、何とか見てみたかった。来年はきっと。（O）

【其の七十二】 二〇〇三年二月二十日

スローライフ、スローフード

「谷根千流こたつみかんな生活」

◆後記に書くこと、今はこれしか浮かばない。一月一日未明に夫が亡くなった。昨年の酷暑のあと、よく寝転がっていたっけ。十一月末に入院した時、看護婦さんの問診に「体がだるい、食欲がない、膨満感がある、背中が痛い」と答えた。膵臓ガンがすでに肝臓に転移していた。

◆本の装丁をする夫の仕事場は自宅の食卓。ペンもはさみもカッターも定規も、仕事道具はいつもあるべき場所にある。コピーをとりに谷根千に寄り、はさみを探して机をかき回す私に「そんなんでよく仕事できるね」と憎まれ口をグサリ。私が「みんなが言ってるよ！」と騒ぐと、「みんなって何人？きみは三人でみんなでしょ」と話の腰を折る。子どもにつられて「お父さん」と呼べば、「きみの父親じゃあないよ」とからむ。外で会って手を振ってもしらんぷり。

◆切手と昆虫と園芸の雑誌を定期購読し、椿に鉄線に蘭を育てていた。山に登って、本を読んで、ゆっくり植木の世話をして、合間に仕事をしているように見えたけどね。だから私がつけた愛称は亀仙人。漫画「ドラゴンボール」の甲羅を背負ったジイサン、あれに似てる。

◆いつも別行動だったから、私は密かに老後二人の生活を恐れていた。でも二十五年前、夫のところに有無を言わせず乗り込んだのは私でした。彼は幸せだったろうか、永遠の謎になってしまった。（Y）

◆なんと時間が凝縮していたのだろう。三カ月の出来事。十月には考えも及ばなかったこと。こんなに近くにいながら、Y一家を見守る事しかできなかった自分が情けない。そして毎日真剣に家族や友人との関係、そして納得のいく一日一日を生きるということを考えた。あたり前の言葉だが、健康なときには気づかない。

◆スローフード、スローライフという言葉、ピンとこない。初めて山﨑家の生活を見た二十年前、彼らは、家にテレビを置かず、電気製品はスタンドと二槽式の洗濯機、製氷室のみの冷蔵庫、保温のきかない炊飯器。これだけだった。アイロンはかけず、手でバンバン叩き、残った冷ごはんに胡麻とジャコを入れておにぎりにし、網の上で焼いていた。使い古しのゆかた地が赤ん坊のおむつだったので、当時でもびっくりしたものだ。

◆今は電子レンジがあるけれど、生活はほとんどかわっていない。一夫さんは最後まで、ケイタイも持たず、パソコンでデザインもせず、プラズマテレビも見ず（もちろん普通のテレビも）、霧吹きでランに水を与え、落花生や甘栗の皮を剥いて食べ、まさに、スローライフを実践していた人かもしれない。

◆いよいよ安田邸の修復費用の募金が始まりました。これから毎月、安田邸の公開とイベントを行う予定です。どうぞお出かけください。（O）

◆大変お待たせしました。秋の菊まつりにも前号が間に合わなかったのですが、本文にもあるように、大切な仲間の大切な伴侶の介護がありまして、相当な遅刊となりました。プロとしては恥ずかしいことですが、あらためて一人がいなくても雑誌はできないということを痛感します。
◆人生の折り返し点を過ぎ、次々と空の彼方へ友人が飛び立ちます。何だかあっちの世界のほうが恋しいようです。でも私より四十、五十歳上でお元気な方もいらして励まされます。寿命というのはどこで途切れても寿ぐべき命なのね。
谷中墓地の銀杏横丁のイチョウのもとにある墓に刻まれた一句
まけておけ五十七でも年の暮
◆いやな世の中になりました。好況のときは資本主義のあらはそう見えてこないのが、不況になると、リストラ、給料引き下げ、倒産、そのうえ行政は福祉の切り捨て、増税ときます。生活はつつましくても、希望の持てる安心な世の中というのは作れないのでしょうか。ことに若者に就職口がないというのは…。
◆私は自由業なので、確定申告時は大変です。そのときため込んだレシートを見ると、店名や値段のかすれて見えないのが多い。領収書を書くのを嫌がるお店も多い。はっきりしたレシート、領収書を出すのは市民社会のあたり前のルールだと思います。よろしくね。(M)

【其の七十三】 二〇〇三年六月二十八日
谷根千れんが探しの旅
「煉瓦の記憶」

◆山陰の小さな町の町長に会った。「道ができたおかげで山奥にやっと嫁さんが来てくれるようになった」。グサッとくる。都会の我々の税金で不要な道を造る、それだけじゃないことを銘記したい。
◆鹿児島の枕崎で二時間に一本しかないバスを待っていたら、おばあさんが来て昔の恋人の写真というのを見せてくれた。大切そうにティッシュにくるんで。そのあと、「今もコレいるのよ」と小指をたてるのでのけぞった。八十で愛人つくってるらしい。日本は広い。スバラシイ。

◆神田の麹屋天野屋さんではバブルの頃、毎日のように地上げ屋が来、銀行にもビル化を勧められた。「あのときビルにしなかったから借金もなく、今も商売が続けられます」。賢い判断だ。「マンションにすれば月収数百万」に踊らされて、いったい何人の人が先祖伝来の土地から夜逃げしたことか。銀行め。

◆谷中銀座商店街の初音屋さんの言葉も忘れられない。「賃貸物件持っている人がもう少し安く貸してあげれば、若い人が新しい感覚でお店を開けるのにね」。正しい。みんなが、町がよくなることを考えよう。そのほうが友達が来て、楽しい生活が送れるのに。冥途にお金は持っていけないよ。ねえ、地主さま大家さま。

◆「母の日だから肩揉んで」と息子にいうと、「いつも母の日状態じゃないの」とせっせと揉んでくれた。愛い奴じゃ。（M）

◆千駄木一丁目に屋敷森がある。本当は「市民緑地・千駄木ふれあいの杜」と呼ぶのだけれど、大名屋敷の庭跡でもあるし、ふれあいに辟易しているし、ヤモリとイモリが好きだし（関係ないか）。

◆週に数回、ここの扉の鍵の開閉をしていると小さな事件によく出会う。この間はカラスの襲撃を受けた。朝、扉を開けて奥に行くとカラスのヒナが園路脇でもがいていた。アレ、と思ったとたん五〜六羽のカラスが私に集結。髪を引っ張り、肩に体当たりし、背中にのってユサユサ跳ねる。頭から上着を被ってソロソロと園外に出ようとするのに、執拗に追いかけてきて頭を突つくのだ。私はヒナに手出しはしていないよ、まったく!

◆悩んだ末に区役所に連絡。もがくカラスはあっけなく駆除された。屋敷森の観察仲間は冷ややかに言う。「今は野鳥の巣立ちの季節で、最初は充分に飛べないヒナが地面に落ちて飛ぶ練習をしている。それがもがいているように見えるけど、放っとけば飛ぶんだ。親鳥はじっと見守っているんだよ。そこに近づくから攻撃される。まったく、カラスの親鳥はヒナに人間との身の置き方を教えているのに、人は野生動物との距離の取り方も知らないんだから」。うーむ。

◆夫が逝ってまもなく半年。何でも面白がっておめでたく生きるのが信条なのに、難しい。くやしいけどさびしいのだ。（Y）

◆戦争に新型肺炎、恐ろしいことばかりが続いた春。都知事選、区長選、区議選いろいろあって、大百貨店が経営統合したり、銀行に公的資金を注入したり、それでも谷根千は地を這って生きています。せめて私的資金を注入されたいものだが。

◆四月から続いた咳が止まらず、病院に行こうとした矢先、四十度の熱。レントゲン、採血、超音波。結局は気管支炎で、未だ完治しない。そこへもってきて、家の鍵が目にあたり、大騒ぎ。ゴム紐がビローンと伸び、その先に付いていた鍵が、白眼にバチーン。自業自得。

◆二週間、左眼だけ真っ赤な生活。幸い大事には至らなかったが、みんなが「痛そー」と震える。次男は「赤く見えるの？」と聞く。私から見える風景はまったく普通の景色なんですけど。黒い帽子にサングラス、マスク姿で銀行に入るスリル。サングラスしないほうがよっぽど恐いか。

◆最近の仰木家の変化は長男の沖縄行き。一年間だけ沖縄の大学生。三月に家探し。三万八千円の一軒家を見つける。沖縄風の座敷を今風にリフォームした家。土産にもって帰りたかった。四月から生活を始め、心配していたら、「隣のオバァと仲よくなった」とか「ゴーヤの天ぷらをもらった」などメールが来た。どこへ行っても楽しくやっていける奴だ。だけど、谷根千の配達の時だけ帰ってきて手伝ってよー。（O）

お知らせ

▼谷根千に新メンバーです。川原サトコ（22歳）が9―14時で助っ人に来てくれています。茶碗に残り飯と明太子を盛り、皿で蓋して布巾で包んだ昼食を持ってくる。品よく怖じけず逸材です。難はいつも探し物をしていること。平均年齢はぐっと若返ったのに、あいかわらず「アレは?」「あれってアレ?」とトボケた仕事場です。15時からは学童保育の臨時指導員。お見知りおきください。

【其の七十四】 二〇〇三年十月十五日

白くふわふわしたもの　その1

「朝一番早いのはパン屋さん」

白くふわふわしたもの　その2

「駒込林町の百合子さん」

◆六月の気管支炎に続き、七月は貧血の治療、八月は血圧が高いといわれ、終わることのない病院通い。なんてこった。その診察室の医学書だけの棚に、たった一冊見覚えのあるうすい本。もしやあなたは?　谷根千じゃありませんか。こんなところでお目にかかるとは。

◆血圧計を持って、沖縄の暑さを体験しに行った。半端じゃない。クーラーのない息子の部屋にマグロのように転がって、眠れず、ボオーッと座る。目も虚ろ。夜中までタクシーもオートバイもがんがん走っている。「お客さんが帰らなければお店はずっとやってるさぁ」。今の日本、これ大切かも。景気が悪い悪いとしぼんでちゃいけないね。

◆青い空、青い海、ようやく座間味島で本当の空に出会った。熱帯の魚にも。それなのに、小学三年の娘は、早く東京に帰ろうという。東京の空気を吸いたいという。かつて百合子も同じことを言った。福岡に行き「東京が恋しい、どれほど暑くても、さわがしくても、静かな書斎さえあれば」という。林町で近所に住んでいた智恵子は東京に「空がない」と言った。安達太良山の空が彼女の本当の空なのだ。あゆみも同じ。「千駄木いいところである」なんだな。

◆十一月二十三日の一葉忌にあわせ、「一葉恋双六」作ってます。地図・年譜付。新井彩乃さん画。お楽しみに。（O）

◆「天安」がなくなった。本郷通りの安くてうまい天ぷら屋で、繁盛していた。白山下の惣菜屋が牛角になった。南天堂並びの化粧品屋も牛角系の店になった。

◆北海道でおいしいラーメンを食べそこね、羽田の帰り新橋で乗り換えるさい、「味の時計台」なる札幌の評判のチェーン店が開店だというのにつられて入った。みそ味で、まずくはなかったが、東京の店員の態度はひどかった。がさつにしてマニュアル通り、チャーシューは脂身だけ。「脂身だけですけど」と文句をいうと「申し訳ありません。すぐ持ってきます」と言っただけで素通り。となりの男性「しかたないね。腕っこきのオヤジがやってる店じゃないんだもの」。

◆チェーン店はまっぴらだ。レシピとマニュアルとやらもまっぴらだ。これからは「腕っこきのオヤジ」のいる店だけに入ろう。それにしても谷中三崎坂に続き、「牛角」三店目の脅威。ああ、天安にも「腕っこきのオヤジ」がいたのになあ。

◆マイブームは松川八洲雄監督。ボックス東中野で「みちのおく」を見、湯布院でご本人にもお会いして感激。ヤマサキをけしかけ日比谷図書館から「出雲神楽」「ムカシが来た」「一粒の麦」を借り、世界で一番小さな映画祭。総勢十名固唾をのむ。どんないやなことがあっても、いつも少年のような松川さんのことを思い出せば、乗り切れるような気がして。（M）

◆根津に引っ越した。生まれ育った川口を飛び出して千駄木にきてから五度目の宿替えになる。助っ人に恵まれて、「お母さんがいちばん働いていないんじゃない」とムスコにいわれた。

◆昼近く、荷物を運び出していると、もり蕎麦十五枚が届いた。「お代はすんでいます」という。世話になってばかりいた隣の斎藤さんの差し入れだった。あれれ、引っ越しする人がごちそうになるのが引っ越し蕎麦だっけ？

◆亡くなる少し前に「きみの稼ぎだけじゃここの家賃は無理だね」と夫がいった。私が引っ越し好きなのを知っているから笑いながら。稼ぎは少ないが、いい物件を見つけるのは得意なんだ。今度の住まいは、根津の路上で会った宮田泰子さんが紹介してくれた。あらら、十六年前の路地特集のときにお邪魔したおうちだ。

◆根津の家に庭はない。わずかな鉢植えを連れてきたけど、育つかな？私は何時間も植木に話しかけるひまはないからね、覚悟してよ。

◆山行に便利な郊外に暮らしたかった夫は「きみのせいでずっと都心だ」と声には出さず態度でいった。「悔しかったら自分で見つければ」と私は目で返事をする。私が選んだ家でけっこう楽しそうに暮らしていたくせに。三年前に庭に植えた土佐ミズキが、今年の春初めて咲いた。これだけは見せてあげたかったな。（Y）

◆百合子の小説を読む。荒木氏との結婚を書いた「伸子」はミステリー調で、湯浅氏との生活を書いた「二つの庭」はその解決編といったところ。人の欠点を探しているばかりではなく、自分も反省するのがいい。でも、荒木や湯浅は百合子に振り回されているようでやっぱりかわいそ。精一郎が家族の平和を願って置いた桜の花形の敷石も見てみたかったな。

◆あるパン屋さんの「いくらいい素材を使ったパンだって、そこに添加物だらけのマーガリンやジャムをぬったら意味がない」という一言が残る。だ

から何も気にせず作っているんだって。（K＝川原理子《さと》）

【其の七十五】二〇〇四年一月二十日

「不忍通りラーメン街」

「一葉芝居日記」と「桃水と対馬厳原」

◆二年続きの配達をしない年の暮れ。晦日まで次号の校正をし、合間に仕事場の大掃除。こんなに工房がさっぱりしたのはD坂に事務所を移して初めてじゃあないだろうか。暮れに飯島春雄さんからいただいた本格コーヒーマシンも初始動、おいしいカプチーノが飲めるのです。

◆元日の未明にこの町を歩いたのも、実は初めて。全生庵で鐘を撞いてきたという和服姿の友人一行に三崎坂で会い、往来の絶えない諏方道を歩く。谷中学校に寄って肴を差し入れて盃を傾け、諏方神社の屋台の灯を眺めながら、西日暮里公園を過ぎ道灌山通りに架かる歩道橋を渡る。歩道橋ほど歩く者をバカにした道はないが、諏方台と日暮里渡辺町を結ぶここだけは案外好きだ。千駄木の石崎宅で蕎麦をご馳走になる。須藤公園でシャッターを押すのを頼まれる。ミルミレから笑い声がもれる。藪下を下って根津神社を突っ切り、家に戻ると午前四時だった。

◆暮れには夫の実家の高知に行った。飛行機だと片道二万七五〇〇円。安いキップを手に入れるというので息子に手配を頼んだら、なんと青春18キップを買ってきた。根津から高知まで片道二九一〇円。夜行列車大垣行きに乗るのも二十年ぶりだ。播州赤穂で自転車を借りてしばし遊ぶ。赤穂城跡まで十分、海まで三十分、温泉にも入った。赤穂は塩と義士を観光資源にした、静かで美しい町だった。（Y）

◆前号に体の不調を書いて、たくさんの方にご心配をおかけしました。生姜紅茶や玄米食がいいと聞き、実践しています。
◆それなのに、また性懲りも無く沖縄へ。暖かいだけで体が楽だ。今回はサトコといっしょ。普天間基地からわずかに返還された土地に建つ佐喜眞美術館で丸木位里、俊さん夫妻の「沖縄戦の図」を見た。柵の向こうはススキの原の米軍滑走路。鉛のような重そうな機体が飛び立つ。読谷の通称「象の檻」米軍通信施設の土地所有者、知花昌一さんにもお会いした。
◆海洋博記念公園「ちゅら海水族館」には修学旅行生が「平和教育」目的の旅の途中でおおぜいやってくる。耳や鼻や唇におびただしい数の安全ピン型ピアスを刺した子がいてびっくり。「スゲー、チョースゴクナイ?」「デカスギナイ?このジンベイ鮫」何でも疑問符がつくような尻上がりな話し方。携帯で写真を撮りまくる。時代は変わった。三月にわが娘も修学旅行にくると思うと複雑な心境。
◆その傍で「この魚おいしいのよ」というおばあちゃん三人組。ガラスを挟んで目の前に鮮やかな魚。「でも今のが魚に聞こえたら気を悪くしてあっち行っちゃうわ」「おやこっちに流し目したよ」。なんとも微笑ましい会話だった。
◆茨城県会館、どうなるのか。いつも同じ構図で建物が消えていくのを見るのは忍びない。得策はないのか。(O)
◆今年五十歳になる。半世紀生きたのである。小さいときなりたかったのは、弁護士、外交官、指揮者、女らしくないカタい仕事に憧れていたのだけど、どれも夢見ただけだった。
◆振り返ってみると、二十代には社会人となり家庭を持って極貧だった。三十代は子どもを育てながら「谷根千」を発行し、保存運動に多くかかわった。四十代は自分の本を出し、締切りに追われた。
◆もうその生活にも飽きた。五十代は大学で若い人を育てたいと思う。今までだって町には半分もいなかった。「谷根千」が続いてきたのは、ひとえに忍耐強いOとYのおかげである。

◆アメリカのNPOを尋ねたとき、一年ごとに所属団体を変えている理事に会った。そんなにしょっちゅう変わって、蓄積というものをどう考えるの、と聞くと、引継ぎさえちゃんとすれば大丈夫、長いこと続ける淀みに比べれば、新しい仕事はいつもチャレンジングよ、と笑ってた。

◆この道一筋、継続は力なりが称賛される日本だが、私たちも毎号、違う特集、違うテーマを追い掛けていたから、続いたと思う。幸い若い仲間が育っている。

◆不況の中で「谷根千」の経営もラクではない。私は印税を注ぎ込んで、YとOはほかでも稼ぎながら続けている。まだ「谷根千」が町にあったほうが楽しいと思う人は拡販にご協力を。(M)

◆町の「テロ撲滅」ポスターが減ってよかった。「対テロ」としてアメリカがイスラム諸国への攻撃を繰り広げているなか、あの四文字は恐ろしく、不快だ。

◆日本政府がイラクに自衛隊を派兵する。小泉首相たちはどうしても「人道支援」をしたいらしい。それならまず、米英軍に撤退してもらったらいい。死者がグンと減る。誤爆も、デモや抵抗をして殺されることもない。米兵だって死なない。

◆石原知事はよほど戦争が好きとみえる。「平和目的でいって攻撃されたら、せん滅しろ」。せん滅とはずいぶん物騒だ。攻撃される非は日本側にあるのに。(K)

【其の七十六】 二〇〇四年五月十日

素朴な信仰「お稲荷さん」

◆十年前、湾岸戦争のころ、私は子育てに忙しく、家にテレビはなく、どうするすべも知らなかった。二十七号の口上に掲げた詩がこれ。今回はつづきを。

◆竹内浩三は一九二一年、三重県宇治山田に生まれ、日本大学専門部映画科に入ったが繰り上げ卒業で応召。映画監督を志し、詩や小説を軍隊内でもつくりつづけた。「だれがおれを殺しにきても、おれを、詩をやめはしない」。四五年、フィリピンで戦死した。

◆イラク人は戦争が終わったとは見ていない。そこへ乗り込む自衛隊はいかに人道支援といってもアメリカに追随する武装戦闘集団としか映らない。派遣は違憲である。今年、奄美大島であったユタさま（予言者）が私にいった。「いくら神風が吹くといっても人を殺しにいく軍隊を助ける神様はいないよ」と。

◆拘束されたＮＧＯら三人とも確かに危険を冒しすぎた。ただ自業自得というけれど、キャバクラ行きがバレた国会議員の自業自得とはわけがちがう。彼らに大義はある。一週間ハラハラ心配して解放されたとたん頭にきた。身近かなわずらわしさから逃げてるだけじゃないのかしらん。「運まかせ人質三人組」、そうだよ。若い人たちが力もないのに国を放って「国際」に向かうとき、思う。日本の「地域」にも虐待される子ども、困っている人がいっぱいいるのにな、と。（M）

◆版下製作も七十六回目になった。手動の写植機が電算にパソコンにと変わったが、最後の最後、版下に手書きする作業だけは手放さずにいる。今どき写植組版や製版職人の手を煩わして作るとは、なんと贅沢な雑誌か。贅沢自慢を始めれば尽きない。校正は小学館や新人物往来社で歴史ものを読むプロで（誤植は校正後に書き足した場所にある）、タイトルの書き文字は高知在住の書道家の筆だ。

◆二号で「寒い日はお風呂へ行きませう」とサラサラ書かれた美しい文字を扉に使う時、私は三行に切り刻んで版下に貼った。それを見て「文字には流れがある、改行すると変わるのよ」といい、次からは同じタイトルを一行で、あるいは数行でと、いくつかのバージョンで書いて送ってくれた。こちらの依頼は「宮武外骨風に」とか「林芙美子調で」といういいかげんなものだ。内容に精通した文字が速達郵便で届く。それは裏返された再利用の封筒で、切手は美しく、私たちをねぎらう手紙がいつも添えられている。
◆書家曰く、会心の作は「落語三昧」(71号)、新境地は「辻潤の美しきバァレー」(42号)。
◆台湾の三日目の早朝、爆竹の音で目が覚めて外に出た。「生誕千秋」という横断幕を持ったパレードに会った。宿舎に戻ると義姉が急逝したという連絡が入っていた。姉は書家、岡本明子。たくさんの素敵な文字をありがとう。(Y)
◆ちゃんとお花見もしないうちに桜が散ってしまった。四月五日に七十六号を出すつもりだったのに。「今年は五回でないとヤネセンは廃刊します」とヤマサキが宣言したからね。ガンバルぞー。
◆地面にへばりつく桜の花びらは、箒で掃いてもびくともしない。でも、風が吹くとフワッと浮き上がり、車輪のように回りながら移動する。あっちでもこっちでも桜の花びらがクルクルコロコロ。
◆真っすぐな人になれ、嘘はいけない、親は子どもにそう教える。この何カ月かのニュースを聞くと、親は子を虐待し、学校の先生が猥褻行為をし、鳥インフルエンザで業者は嘘をつき、回転ドアの会社とビルの管理会社は言うことが食い違い、イラクでの民間人拘束の情報は錯綜する。何を手本に生きていけばいいのか、子どもに教えるすべがない。
◆言ってもいないことが新聞に掲載され、パンチを食らった。記者に抗議したが、「私も残念です」と言うのみ。首都圏一七〇万部の新聞の影響力は大きい。社会の公器たる新聞が、都合に合わせて記事を書いてはいけない。『谷根千』も同様だ。
◆暗いことばかり考えていても始まらない。正しいことは正しい、間違っていることは違うとはっきり言って、前向きに明るく歩みたい。子どももついてこい。
◆また台湾でもどこでも行って、目を見開いていろんな物を見てくるぞ。(O)
◆稲荷神社はともかく、街角のお稲荷さんは気がつかない。塀の内側や、マンションのかげ、よく通る道にもこんなにお稲荷さんがあったなんて。
◆卵焼きや煮物と同じく、おいなりさんも各家庭の味がある。母が言うには祖母のには辛子のついたハムが入るそうだ。
◆毎日店に立って、何十年も同じものを売り続ける。そういう話を聞くと頭が下がる。何事にもなんと浮気な私。
◆四月から『谷根千』も消費税を頂くことになった。国の政策とはいえ、余計にもらうようで気が引ける。表記し直すのも間に合わず、そして計算が大変。
◆いなり寿司一個六十円の三花さんは内税。「だってとれないでしょ」。負担はお店に。これは本当に平等なことなの？
◆そうやってとった税金。人を殺すとか、その支援をするとか、見栄のために使うとか、そういうのやめてね。(K)

【其の七十七】二〇〇四年八月十日
本邦初公開の話ばかり！
「D坂の魔力」

◆自宅からお茶の水も東京駅も田端も池袋も、都バス一本で行くことができる。そんなに便利でもほとんど使わない。それは、バスはあてにならないから。
◆内神田に用事があり、大雨で自転車が使えないし、一人でタクシーはもったいないし、とバスを待った。雨中二十五分。やっと来たバスは大混雑。お年寄りがみんな濡れた傘を持ってふん張っていた。奥は大きな旅行カバンの若い人が五人。
◆脚の調子が悪いと地下鉄も億劫だ。下りエスカレーターはほとんどない。エレベーターも白山や本駒込に設置されているが、とにかく地下深いのはつらい。その点バスはステップが低く、乗りやすくなったが、なにしろ本数が少なすぎる。
◆NHKで、ヨーロッパのトラム事情を放映していた。都市の中心部に入る車をシャットアウトし、路面電車を復活させている。十二年前、都電の特集をしたときに、根津から上野広路小路までだけでも都電を復活させたかったなあ。とりあえずお金をかけずに、もっと都バスの台数増やして、専用レーンを設け、時刻通りに運航。これで老若男女が利用。東京都も信頼回復、収入倍増、バンザイ。
◆夏の家族旅行、こんな言葉もわが家では死語になった。夏期講習に部活にバイト、ただ一人四十日暇なのは小四のみ。「また沖縄行こう。ダメならハワイでもいいよ」だって。ガビーン。二人で行くか。(O)
◆前回の、イラクの三人の日本人拘束について触れた後記に批判をいただいた。「イラクの子供たちの問題に全力で立ち向かう人もいれば、地域の問題に全力で立ち向かう人もいる。それぞれの人の問題意識や成長過程などによっていろいろな生き方があるのだと思います。比較すべき問題ではありません」(藤本光一郎様)。その通りです。
◆後記を書いたのは三人が解放された日。人ごととは思えず何日も深夜までニュースを見ていたのでホッとしたとたん、「このーっ、心配させて」と言いたくなりました。
◆しかし二週間後、「谷根千」が出るときあんなバッシングの大合唱とは想像もしなかった。日本でこんな大騒ぎになっているとは知らなかった三人と同じくらい驚きました。弁解がましいけれど、バッシングに加担したつもりはありません。またパウエル発言以降、高遠さんを聖女、今井君を高校生の手本と持ち上げる人々にも同調する気にならない。

◆「運まかせ」という不適当な表現を使ったことは恥じますが、「あのときああ感じた」ことは撤回したくない。世論の変化に応じて器用に意見を変えていく人たちも、なしくずし派兵と同様こわい。ともかく「地域と世界をつなぐ」視点で三人とイラクの今後を見たい。マスコミの熱の冷めたアフガンやほかの国々も見つづけていきたい。（M）

◆七月二十八日は乱歩の命日、この日に発行したかった。でも暑すぎたのです。

◆三九・五度を記録した七月二十日午後一時、娘から電話。「部屋に蛇がいる」

◆家に戻ると茶の間にいるハムスターのケージの蓋が外れ、横に黒蛇。頭は親指ほどだがけっこう長い。体の途中が膨れている。嗚呼！娘と二人で術もなく近所の宮田泰子さんに助けを求めた。「よし！」と駆けつけてくれたが、「これ青大将？」に捕獲の手を止め一一〇番する。

◆派出所の警官が、分厚い手袋、警棒、捕獲網を持参するが、「毒蛇の場合、本官は手が出せない」と署からの応援を待つ。新たに警官二人到着。「いやー、動物愛護の精神から殺すわけにいかんのです。まず蛇の種類を特定せねば」。無線が鳴る。「23区内に毒蛇の生息記録はない模様。蛇の紛失届を照合中」「緊急要請だ」と、弥生町の高田爬虫類研究所に警官は自転車を走らせる。所長の高田栄一さん到着。あっさり「黒いが若い青大将です」と持参の道具でいよいよ捕獲…。

◆いや、ケージに体を巻きつけていて動きがとれない（途中が膨らんでいるからね）。「檻《おり》ごと処理したら」という警官を無視し、高田さんは「蛇がかわいそうだ」と、ペンチでケージを切り、布袋に蛇を入れた。
◆警官は無線で告げる。「ただいま蛇の捕獲完了いたしました。被害は山﨑家のハムスター一匹、報告終わります」（Y）
◆コーヒーのアメリカンというのは薄いのではなくて、浅煎りコーヒーのこと。豆に含まれるカフェインは煎ると少なくなるので、眠気には苦い深煎りコーヒーよりアメリカンの方が効くそうです。
◆小学生の頃は推理ものが好きで、乱歩も図書館でよく読みました。母親に「言うことをきかないと不忍池にいる黒マントと龍にさらわれるぞ」と脅されていたので、怪人二十面相は黒マントに重なってリアルに感じました。母の脅しには「須藤公園の赤マント」もありました。
◆今はマンションが増え店も少ない団子坂上ですが、昭和の初期は店がずらっと並ぶ通りだったようです。私には藍染川も、不忍通りがない団子坂下もなかなか想像ができません。タイムマシンがあったら当時の様子を見たい。谷中五重塔も見たい。もっとさかのぼって関東大震災で倒れた浅草十二階も上ってみたい。（K）

【其の七十八】　二〇〇四年十一月二十五日
ステンドグラス「小川三知をめぐる旅」

◆案の定、青大将のいなくなったわが家にやってきたのは鼠だった。鼠と同居するか、大将にご帰還願うか、思案中。
◆「文京区民はご招待」の折込チラシにつられて、マスターズリーグを観戦に東京ドームへ。入り口で「自由民主」（自民党の機関紙）を渡される。今日は小泉さんの招待なのか。ゴーキなことだ。
◆そんなことはどうでもよくて、私の目当ては江夏豊。だけど一塁コーチにちらっと出ただけ。な〜んだ。代わりに村田兆治の投げる一四一キロを見た。鳴りモノのない球場は静かだ。気合いを入れる声も、風を切るバットの音も聞こえてくる。村田のストレートが入ったとき、ミットはその日いちばん大きな声を出した。五十五歳、すごいなぁ！

◆スゴイといえば、八月十日の朝刊を見ました？漫画「スラムダンク」一億冊突破記念に井上雄彦さんが出した新聞広告（意味不明の人はご勘弁を）。うちは東京新聞でメガネくんでした。コメントは「ともに声を枯らした仲間たちへ」。いったい井上さんは何紙に、誰をどこへ出したか気になる。ゴリは？リョーちんは？流川や仙道はいるのか？本駒込図書館で確かめようとしたら、なんとこの日の朝刊がみな盗まれていた。

◆「谷根千」も出してみたいなぁ、一億冊突破記念感謝広告。甘く計算して、あと二万四九八〇年後か。う～ん。（Y）

◆八月、うだるような暑さ。アテネオリンピックで寝不足になった。子どもたちの同窓生、北島康介君に沸き「チョーキモチイーッ」が流行。「二十八年ぶりの男子体操の金メダル」。すごく昔のことだなあと思えたが、自分の年齢から引き算すると、なんと私はこの時すでに大人の仲間入りをしていた。これはショック。

◆九月、上野の旧奏楽堂のパイプオルガンのコンサートに行った。企画した芸大生の言葉にびっくり。「奏楽堂の移築の話があったころは、私はまだ生まれていませんでした」。ひぇー。

◆十月で谷根千も丸二十年。確か谷根千の創刊後すぐに新札が発行され、一万円が福沢諭吉、五千円が新渡戸稲造、一千円が夏目漱石に変わったのだ。大きい一万円やらまぜこぜで集金が大変だった。あれは昨日のことのようなのに。

◆十一月、夫婦のどちらかが五十歳過ぎだと映画が二人で二千円。「ひろちゃんいってきな、来年の六月までなんだから」とY。休日夫と映画館へ。

「証明するもの持って来なかった」と夫。窓口で「夫婦で五十以上の…」と言うと、チケットが二枚ニュッと出て「二千円です」。夫は「五十以上に見えるのかなあ」としきりに残念がる。二度目。窓口で今度は「証明するものは?」「ありません」と応えると、「奥さんのでも」といわれる。今度は私がガビーン。まだだよぉ。(O)

◆町をゆっくり歩くことがなくなったが、たまに人を案内すると新しい店が増えていることに気づく。そしてだいじなたてものがきえている。佐渡の画家、ジョニーを案内したときはあった十七号線沿いの木造洋館が壊されていた。マレーシアのルリ一家を案内したら、S字坂上、内田百閒のいた下見張りの建物も。

◆ものすごい喪失感。残った猫の額のような土地を眺め、この程度の土地に建つ建物さえなぜ残せないのか、悲しい。団子坂が本郷通りと交わるところに焼肉の紀伊国屋があってよく通った。ここが閉って壊されて、空が広くなった。

◆でもそのうち、また高いビルが建って前よりうっとうしくなるだろう。南北線ができて便利になった。反面、どんどん空を狭くするマンションが林立していく。

◆アメリカフロリダ州にいる息子はアイバン、チャーリー、フランシスとかいう名のものすごい台風に見舞われ、十日も停電し、ロウソク生活だったとか。日本の台風と地震もすごいらしいね、ぼくが帰るころには東京はなくなっているんじゃないの、と電話してきたが、大丈夫、前よりビルが増えてるよ。

◆一葉映画では溝口健二「にごりえ」が有名だが、D坂シネマでみた「たけくらべ」も傑作だった。え、美空ひばり?なんて軽んじてごめんなさい。セットは圧巻、ひばりは美登利ぴったりでした。(M)

◆ブッシュ大統領が再選された。堕胎や同性愛を認めないことが、熱心なカトリック信者の票につながったそうだ。戦争はマイナスにならないのね。納めた分も戻ってこないのが納得できない。だから納めないことにしていた。が、催促がしつこく、払わないと差し押さえる、と脅すのでついに未納分の一部を一括払いしてしまった。二十万円という大金。よく考えたら差し押さえられるものなんて私にはなかった。

◆小川三知をご存知でしたか。「美の巨人たち」を見た方もいるでしょう。実は二十一号、田端の地図に名前が載っています。ぎりぎりになってわかったことですが、三知が博覧会で会った桜岡三四郎も二十三号に載っていて、それがちょうど島宅のあたりなのです。また調べます。

◆谷中芸工展に初参加した映画会、D坂シネマの最終日には四十人を超えるお客さまが工房に来てくれた。戦災を最大の「チャンス」として東京都都市計画課が企画した啓蒙映画、「20年後の東京」に会場は大興奮。来年は何を上映しようかな。お楽しみに。（K）

【其の七十九】二〇〇五年三月二十五日

蟲を探して「やねせん博物誌」

◆一月五日、旧友ジョルダン・サンド氏来房。東大に留学中、二十代の青年であった彼も貫禄ある紳士になっていた。現在ジョージタウン大学で教鞭をとるが、やさしさは相変わらず、わざわざ山崎家にも寄ってくれた。処女作（?）「House and Home in Modern Japan」は全米歴史学会賞を受けたとか。おめでとう。

◆フロリダのヒロシから電話。「お母さんどうしてる?」「一葉が五千円札になって、また本が出たり講演したりして忙しいよ」「そういうの恥ずかしくない?時流に乗った感じで」ああ、その通り。

◆上のユタカが帰ってきて、「ヒロシ何だって?」「治療していかなかった歯がやっぱり痛いらしいよ。いわんこっちゃない」「……ヒロシかわいそう」。子どもに教えられることは本当に多い。

◆ステンドグラスといえば、昨年、パリのサント・シャベル、ノートルダムやブールジェの大聖堂きれいだったな。プラハにはアルフォンス・ミシャの原画があった。当分、熱はさめそうにない。

◆十年も前、ある研究所で奥本さんたちと大分の湯平温泉に行った時の事、なんと宿の浴衣は昆虫模様だった。コレガホシイとだだをこねる奥本先生のかわいらしさ。喜んで譲ってくれた宿の主人の笑顔。お礼にと奥本さんが描かれた見事な文人画。忘れられない。あの浴衣も千駄木の昆虫館に飾られるのだろうか。(M)

◆あいかわらず夜毎ねずみがやって来る。出没する台所を隅々みても穴は見つからず、食料を缶に仕舞って応戦中。

◆子供の頃に親しい虫といえば、カとハエとアリとカマドウマ。キューポラの町の記憶は灰色だもの。養蚕農家だった長野の伯父さんちで、母屋を陣取るお蚕さんに桑の葉をやる手伝いをした。当時の桑畑はまったく残っていない。

◆夫は蝶の好きな昆虫野郎で、虫の雑誌が届くと舐めるように読んでいた。いい大人が虫網もってと呆れたが、同じ輩は多い。ちぢれ頭で口ひげがあって手先が器用そうで協調性はなさそう、これが共通の印象なのだがどうだろう?(失礼)

◆暮れにまた青春18切符で高知へ。山陽本線の笠岡駅前から連絡船で四国に渡ってみる。笠岡港で多度津行きの切符を頼むと、「多度津まではよう売らんから岩坪(真鍋島)までを買ってあとは船の中で」という。ふだんは岩坪止まりの船が、火木土(夏期は毎日)の一日二本だけ、ひとつ先の佐柳島まで行く。船で岩坪、佐柳島間の切符を買った。ペラペラ紙に手書きの切符。佐柳本浦港で船を降ろされ多度津行きに乗り換える。佐柳島―多度津港の切符は島の船着き場でおじさんが売っていた。電車ごっこで使った昔ながらのボール紙の切符。道程三十四キロ、切符は三枚、船賃はしめて二二五九〇円だった。今度はどうやって行こうかな。（Y）

◆とうとうインフルエンザに罹ってしまった。小四の娘とこんこんと眠った。人間こんなに寝られるものなのかと。幸いにも制限時間内に特効薬を服用し、あっという間に回復。自分でも呆れた。

◆特集はとっかかりが難しい。どう取り組むか、何を取材するか。本を読んだり、映画を見たり、外側からグルグルと中心に向って少しずつ近付いてくる感じだ。

◆私は昆虫少女だったのか。古い記憶。場所は動坂上の公園。木の根元の巣穴に大きな昆虫の死体をずんずん運んでいくアリの行列を飽きずに眺めていた。

◆世田谷松原の祖父の家に毎週のように出かけた。庭でサルビアの蜜を吸い、玄関の花壇を飛び回る小さなシジミ蝶を捕まえ、近くの林（まだあった！）でジャノメ蝶を追い掛け、キャベツ畑でモンシロ蝶の青虫をとった。

◆その青虫を育てる様子を、父は八ミリで「モンシロチョウの一生」とタイトルを付けて記録した。デジカメやビデオカメラのない時代に、手で巻き取る重たい撮影機を使った白黒作品。紙に書いた文字で時々説明が入ったり。私たちは父の八ミリ上映会を楽しみにしていた。あれをもう一度見てみたい。

◆せめて今年の春は、我が家にあるわずかな土の上で、活動する生きものの観察でもしようか。ファーブルおばさんとなって。（O）

◆冬休みに、東北へ旅行した。花巻の宮沢賢治記念館、黒石のこみせと秋田雨雀記念館、蔵王の樹氷林が目当てだ。

◆普通列車を使って四泊五日。見方がわかると、ややこしい時刻表も好きになった。これがあればどこへでも行ける。
◆忘れられないのは盛岡の先の好摩と大館をつなぐ花輪線。動物の足跡残る雪深い森の中をぬけ、誰もいない安比高原駅に泊まり、荒屋新町ではおそらく廃校となった木造の校舎に「ありがとう新屋小学校　平成15年３月」と看板がかかり、兄畑の小学校では「歴史に学び未来にはばたけ１１５周年」のスローガンが見えた。ジーンとくる車窓。弘前と黒石間をむすぶ弘南鉄道弘南線も真っ白な平野を二両の車両が走り、すてきだった。鉄道ファンになりそう。
◆ファーブルの「昆虫記」がおもしろい。西岡直樹さんの「インド花綴り」や「インドの樹、ベンガルの大地」（講談社文庫）もおすすめです。（Ｋ）

【其の八十】　二〇〇五年七月二十日
六十年目にやっと聞けた
「わが町の空襲」

◆戦後六十年、戦時の狂気と命の貴さをいたるところで訴えてくれるが、子どもたちの反応は鈍い。育てた私の責任だろうか。取材をしながら、経験のない死と殺し合いについて考える。
◆両手足の指も足らんほど会社をめぐり、またもスタート地点に戻っている就活中の甥っ子に「死ぬ気でやれば何だってできる」と励ませば、「死ぬ気になったらあとは死ぬだけさ」の返事。おいおい。
◆同じ年頃の子を持つ友人から、出口のない家で子どもを殺してしまいそうだと相談される。国を背負って人を殺す話よりもよっぽど現実的だ。なんてこった。
◆湯布院文化記録映画祭へ行ってきた。映画「海女のリャンさん」（監督／原村政樹）のリャンさんは済州島に生まれ、北と南に子どものいる八十八歳の在日のお母さん。悲しみや痛みは途方もないが、底抜けに明るいエネルギーに満ちている。

◆「死ぬことと見つけたり」(隆慶一郎著、新潮文庫)の主人公の浪人は、自分の死に様を毎朝イメージトレーニングする。生きながらに死に人のこの男は、何ごとにも動じない。強く寛容で、とにかく魅力的。「人は環境で不幸になる生きものではない。人を不幸にするのは確実にその人の心である」。ね、かっこいい文章でしょ。こんな映画や本に出会うと「生きているのも悪くない」どころか、「生きててよかった」と思うんだ。(Y)

◆三十倍の花粉の春、くしゃみの威力でティッシュに穴が開いてびっくり。

◆前号でファーブルおばさんになると書いたら、家に芋虫君が来た。ペットボトルで飼っていたら、娘に「こんなキモいもの家に入れないで」ときつく言われた。

◆芋虫がさなぎになるのに選んだ場所は、電動自転車の充電器のコードだった。羽化するまでの八日間、さなぎ優先の生活。日曜に羽化し、月曜が別れの朝。外でアゲハを見るとうちの子じゃないかと思う。

◆この三カ月、神楽坂にハマった。根岸にあった「麦丸まんじゅう」を発見、黒テントで「ど」や「パンチョギ伝」を観、一人で親子丼の店にも入った。そして先週、宮城道雄記念館に。十一歳の盲目の少年は、自活のために箏の先生をした。内田百閒は弟子であり親友。随筆もユーモアがあって面白い。私が生まれる数日前に列車からの転落で亡くなった。謎だ。

◆「戦艦大和ノ最期」をカタカナ混じりの文語体ゆえ、声を出して読んだ。世界最大の戦艦。学徒動員された新米少尉吉田満の記録だ。重傷患者と四十を過ぎた老兵は戦闘上無力なるは明らかかと、青年仕官が退艦を艦長に具申。搭乗員は若い。沈没時、三千人の乗員のわずかが海に投げ出され、助かった。木切れを足や脇に挟んで重油の浮く海面に漂う。多数はほとんど戦うことなく爆撃され死んだ。壮烈な歴史の記録に胸が痛かった。（O）

◆父が芝白金で、母が浅草で、空襲に遭わなければ、私はこの世に生まれなかった。二人は坂上の駒込病院で出会い、焼け残った長屋で所帯を持った。

◆母方も父方も、幸い一族に戦争で死んだものはいない、と聞いた。ところが、今回父に、「親父の耳が聞こえなかったのは日中戦争で大砲の砲を打ってたからだよ。兄貴がガンで早く死んだのは広島でピカを見たからじゃないかと思っている。お袋の兄貴はフィリピンで自決した。喉の奥に拳銃を突っ込んで軍人で山下奉文と同期で、戦争末期に来てくれよ、と言われたんだ」おどろいた。身近に三人もの犠牲者がいたのだ。

◆高校で日本史をとっていない学生が半分いる。彼らは第二次世界大戦はアメリカとソ連の戦争でしょ、と平気でいい、柳条湖事件と盧溝橋事件の区別もつかない。そのくせ小林よしのり「ゴーマニズム宣言」流のマンガを読んで、戦争を格好いいと思ったりする。高校で広島、長崎、沖縄へ、事前学習した上で修学旅行に行った学生とは明らかに有為な差がある。しかし、唯一地上戦が行われた沖縄への修学旅行は、一時に比べ半減した。

◆小泉純一郎さん、戊辰戦争の勝ち組だけを祀ったのが始まりの靖国神社にお参りするヒマがあれば、一晩で無辜の民十万人が無念にも殺された東京都の慰霊堂にもお参りしたらどうですか。（M）

◆小学生の時、七三一部隊について書かれた本をたまたま読み、あまりの残虐さにおののいた。自分が「日本人」であるということもたまらなく嫌になった。

◆と友達に言って、「自分だけ清くありたい、なんて思ってない？」と批難されたことがある。確かにそれではいけない。

「よしこは見ていた」

◆歴史の授業は人名や年号など覚えることが多くて苦手だった。けれども、自分の国が何をしてきたか、人々はどうだったのか、現在続いていることを理解する上でも学んでいきたい。

◆今年は虫が多い。三日前、自転車に乗っていたら、右目に虫が飛び込んできた。洗っても、こすってもでてこない。今日は左目に虫が飛び込んで、やっぱりでてこない。Оさんの目にも虫が入ったままだそうだ。

◆一箱古本市では喫茶店花歩さんの藤が風になびいてきれいだった。今年は花のあたり年。今咲いているあじさいも色が深い。（K）

続けることにムリがあるのは、数年前からわかっていた。けれど、いつだって編集作業が佳境に近づくと、スタッフのテンションは上がり、雑誌を作る幸せに酔って、限界が見えなくなった。

81号から94（終刊）号

2005年10月〜09年8月

3人でウォーキング・シューズ広告のモデルに。
出演料は、撮影で履いた靴。

【其の八十二】　二〇〇五年十月二十日

引っ越しは楽しい！

「いまどきの賃貸事情」

◆八月十四日、敗戦記念日の一日前に家を出た。家族の中で仕事をしていくことに耐えられなくなったからである。私につきまとってうるさい当の息子が、「おかあさん、よくこんな小ちゃな机で三十冊も本を書いたねぇ」としみじみ。

◆家賃を払い続けるあてはない。家賃が収入に近づいたら撤収して帰る。でも借りたところは気に入った。何より草花のしげる千駄木から根津の路地を歩いて、夜、一人飲みに行くのが好き。

◆怒ったのは娘。「世話の焼ける弟二人を私に押し付けようというの」。一カ月後にこれも家出。祖父母には「お前はもうまゆみの面倒を見なくていい」と言われたそうな。ご明察というしかない。

◆家のガラクタは仕事場へ持っていくとなぜか置物に成り上る。紛れ込んでいた資料が見つかり、光を放つ。旅行でたまったホテルの石鹸と歯ブラシを使う。何も買わない。服はトランク一つ分しかない。着古した、楽な服をとっかえひっかえ。夜長の風呂に虫が鳴く。

◆引越しは腸管の掃除のようでもあり、毒出し再生のようでもある。また一からやり直すための。

◆勤務先から帰りがけに一人ご飯。これがまた楽しい。巣鴨で作業着の男たちに混じって「ご利益そば」（四四〇円）を立ち食いしたり。池袋の構内カレーもうまい。次はカウンターで一人焼鳥だ！（M）

◆引っ越しは思い出との決別だ、と思っていたがそうでもない。去った場所が年月を経て鮮やかに甦ったりする。嫌な思い出が薄まるのか、忘れっぽいのか。小さいころに住んだ、陽の当らない、空気の汚れた川口の町も、今はとても懐かしい。

引っ越しはろ過装置なんだなあ。

さて、この夏のふしぎな思い出。

◆京都の祇園祭で人込みの濁流から生還した夕方、銭湯帰りに花を持つ老女が話しかけてきた。「きれいやなぁ、きいつけて帰りぃや」。私に言ったの？

◆さっぱりと東京暮らしをたたんで山口県秋芳町の梨農家になった友人を訪ねた。住所を見ながら行き先を調べていたら、秋吉台のバスセンターのお姉さんに「そのお家は三軒町のバス停の先をずっと行った右側」と教えられる。着いたところは里のはずれ、まったく違う家。とぼとぼ歩く道、灼熱の太陽。

◆玄関に巣を作ったアシナガバチ。日毎に家族を増やし、部屋数も増す。付き合いも深まって、恐さが可愛さに変化したころ、蜂の巣が消えた。これって盗難？

◆秋の彼岸に大菩薩嶺の大蔵高丸に登った。夫と山仲間が終の棲みかと勝手に決めた小さな岩が、頂きの松の木の根元にある。あたりは腰まで届きそうな笹原で、ガサガサと音がしたほうを見ると、イノシシが秋草の中を疾走していった。亥歳のキミはこんなとこにいたんだ。（Y）

◆この夏は暑すぎた。七月、祇園祭に誘ってもらった。京都は酷暑、涼しい顔をして着物を着ている京都人はどうなっているのだ？ 団扇をばたつかせ、暑さをしのいだが、団扇の別の使い方を発見。大混雑の街中を迷子にならずに歩く目印。一行七人、曲がり角で特に便利だった。

◆祇園祭は八六九年に災厄除去を祈る御霊会として始まった祭りだ。山車や鉾を飾る布は、十七、八世紀の中国やペルシャ絨毯、ベルギーのタペストリーだという。占出山の子どもたちが浴衣で「ろうそく一本進ぜましょう」と安産のお守りを売る。夢の中にいるようだった。

◆練塀小路や清水寺の防災についてレクチャーを受け、町屋の保存活用を見、イノダコーヒーの「アラビアの真珠」を飲み、鴨川の畔で鱧を食し、丹波の黒豆黄な粉とワラビ粉をお土産に買った。ああ、まだまだ行くべき場所があるのになあ。

◆人生の前半は、引越しに無縁だった。唯一、家を建替えた時、西日暮里のアパートに数ヶ月住んだ。六畳と四畳半に親子五人。窓の向こうもすべてアパート。朝、「まゆみ、起きなさい」とか、「ひろみ、またオネショして」という声。よそのまゆちゃんやひろちゃんだ。中学生の私には私的空間もなく、つらい毎日だった。今は引越しと聞くとウキウキする。今後は子どもが巣立ち、家族が減る。引越し、あるかなあ。一人暮らしうらやましい。(O)

◆今年はじめて、八月はずっと同じ暑さではないことに気がついた。さわやかな空、じりじり照る太陽、セミも鳴き疲れると少し秋の気配がして夜は虫の声。夏が好きになる。

◆昔、よく弟と日曜日の新聞に入る不動産のチラシを見て、空想をした。部屋探しはたのしく、よいところに引っ越すことができた。けれども、雲に手が届きそうな上野桜木の屋上が忘れられない。(K)

【其の八十二】 二〇〇五年十二月三十一日

銭湯に行こう！「町の風呂屋案内」

◆足が痛い痛いといいながら、十一月に九州小倉に行った。毎年駒込大観音で公演される「水族館劇場」初の小倉駅前駐車場公演。その押しかけ応援団。口から火を噴く芝居の向こうで、金属工場の煙突からも炎があがり驚く。芝居がはねて酒盛り、そのあとは二十四時間営業の酒場で大いに盛り上がった。

◆翌日は即興詩人の名訳が生まれた森鷗外旧居跡。旦過市場を歩けば、食べ物なら何でも手に入る。酒屋は朝から立ち飲みカウンター、おでん屋、フグに明太子、糠で煮た鰯や鯖、お惣菜。人間の食に対するしぶとさを感じた。
◆前号のくせで小倉の賃貸情報を見る。なんて安いんだ。さとちゃんの住む1Kと同じ賃料で、風呂付2DK。
◆午後は「中間」へ。仰木の父の生まれた町。資料館で郷土史に詳しい方を紹介していただき、お話を聞く。仰木の家系図をコピー。我が家のルーツかは判明しないが、仰木監督の名も。電話帳には三十二軒の仰木姓。オオギ電気、オオギシャッター、お店屋さんもオオギさん。
◆炭鉱で栄えたという町の商店街は今寂しく、三文判をお土産に買いたくて文具屋を探したが、なかった。残念。
◆博多ラーメンに始まり、モツ鍋で締めくくった一泊二日は充実していた。次は福岡に来る前の仰木のルーツ、滋賀県の「仰木のさと」に行かなくては。仰木カントクに合掌。（O）

◆仕事場の近くをうろついていると読者の方によく会う。あら、モリさん、珍しいわね。日本にいるの、とかいわれて。
◆ヤネセンの町再デビューという感じが、何もかも珍しい。ゴチャゴチャしてるけどやっぱり住みやすい。
◆郊外ニュータウンの調査に行った。開発の際に建築協定と緑の協定を結んだという。道なりに美しい生垣があり、洋風の花々が咲いていた。しかし転売されたところ、賃貸の人が協定を守らないという。しかしここまで揃えてきれいにするには膨大な時間がかかる。子持ち仕事もちの主婦などには到底できないだろう。そういう規制や監視はつらいと思った。手入れに根尽き果て、周りの目を気にして売って出て行った人もいるという。こうなると嫌なものだ。自由がいい。
◆思い思いに花を植える。自慢する。育てる人あり。見て楽しむ人あり。そんなヤネセンの暮しがますますいとおしい。
◆本は売れまヘン。雑誌も売れまヘン。どうかみなさん、谷根千を買ってくださることが、次の号製作の補助であり、私たちがここで行っている地域史発掘、環境保全、暮らして楽しい町づくりを継続させるものであることをもう一度ご理解ください。
◆息子は朝「脱亜入欧」と叫んで私のベッドに倒れ込む。彼の部屋は兄により「植民地化」され「アヘン窟状態」なのだそうな。受験で日本史のやりすぎかも。(M)
◆わが人生の銭湯通いは通算約二十年。前半と後半の違いは値段と混み具合、そして湯の綺麗さと設備のよさ。ふろ賃は上がったが、いまの銭湯は極楽だ。四百円は安いぞ。しかし毎日となると高いか。年間パスポート(思いきって五万円)、タイムサービス、やってほしいなぁ。
◆三月三日に亡くなった親友が、谷中の領玄寺に眠っていると知って会いに行った。このところ墓参りばかりしているが、なんか楽しい。しみじみ楽しいぞ。
◆友人四人で師走の上州へ。草津の湯をはしごしたあと仕上げは川原湯温泉。まずは吾妻渓谷の、ザクザクと枯れ葉に埋もれた道を歩く。仮想空間に入ったような、そう3Dアートのような。歩き始めにちらちらしはじめた雪は、鹿飛橋に着く頃大雪となる。白い世界に四人だけ。
◆この吾妻渓谷の一部と、川原湯温泉を水没させる八ッ場《やんば》ダムが建設中だった。事業費は四千六百億円。全国紙の群馬版にしか報道されないから、県内市民団体が国にダム見直しを要請していることなど、下流の私は知らないでいる。この美しい風景を水底に沈めて、東京に住む私に水を送ろうとするのを、どうしたら断れるだろう。私はこれから決して水を無駄にしないから、いらないよって。

◆わずかな旅が名残惜しくて、思わず「このまま失踪しちゃおうよ」と皆を誘ったのは、本気だったのに。（Y）
◆エスペラントの通信講座をうけて一年。のんびりやっているので、半年の講座がまだおわらないが、教え方は目からウロコだった。質問は何でもしてくださいと言いつつ、「わからないところはそのままで、暗記しなくてもけっこう、使ううちに覚えます」
◆お風呂屋さんが好きだ。嫌なことがあっても、大きいお風呂に入って、おしゃべりする人、流しっこする人を見てると、さっぱりする。でも、最近の話題はちょっと暗い。
◆去年の秋に白山の銭湯が閉じてしまった。番台で庭もあり、アルバイトの帰りによく通った。一度朝湯に行ったら、朝日の差すなかでたくさんの人が入浴を楽しんでいた。生涯忘れられない光景だ。（K）

【其の八十三】　二〇〇六年三月三十一日
はたらくキモノ
「キモノをめぐる生活」

◆前号後遺症で銭湯通いが続いています。稲荷町の寿湯（露天風呂あり）、神楽坂の熱海湯（破風造りで富士山）や半蔵門のパン・ドゥーシュ（小さいが洗い場に石鹸とシャンプーがある）など。特筆すべきは北千住の梅の湯でした。みごとに昔ながらの銭湯で（つまり新しい設備がなにもない）、タオルを借りると（無料です）、これが十分洗いざらした年代物。湯が熱くてうめようとするとすかさず「ダメだよ、ぬるくなったら困るよ」、ドキリとすると「あんた意地悪いね、若い人が入るのに（若い？）」「じんじんするのがいいから教えてんの」「よしなよ、好きに入るんだから」とこれも年代物の女性たちが賑やかに風呂談議をはじめる。「あんたわかる？　ここは井戸水を薪で沸かすから肌触りが違うよ」（うーん、わかんない）。「もうあがんの」「またおいでよ」。足立は銭湯の宝庫です。
◆キモノに明け暮れた三か月で背筋が伸びました。中濱潤子さんはスーツを持たないので、仕事であるワインの試飲会にはキモノで出席するそうです。薬剤師の安田博美さんは白衣かキモノか登山服の生活とか。中米やモンゴルに旅したときに、民族衣裳を日常着る人たちに会って嬉しかった。私もと思います。今度は「キモノで自転車」に挑戦しようっと。
◆四月と五月の水、木曜日、ネパールに行くチヒロさんに代わり「美奈子」に助っ人に入ります。おひまならきてよね。（Y）
◆二十年来闘っている股関節痛は「背骨のずれを治せば手術は無用」と朗報が。明るい光が差す。無理はせず、よく散歩し、風呂にゆっくり浸かり、睡眠をとる。わかってはいるが、なかなか実行できない。
◆そして食事。ずっとやってきたつもりだが、あらためて出汁をきちんととることから食の改善をすることにした。昆布、煮干、鰹節、干椎茸が必需品。乾物を見直し、豆や切干大根が食卓に上る。とった出汁でごぼう、大根、里芋を煮る。
◆コーヒーより日本茶、ケーキより饅頭を好むようになった。タオルではなく手拭いで体を拭く。ピアノでなくて三味線を弾く。パジャマじゃなくて浴衣で寝る、ってところまではまだ到達していないが、ささっと着物を着て、おいしい煮物など出してみたいものだ。
◆私には一大決心だった冬の北海道。札幌で無事仕事を終え、翌日は小樽へ。雪灯りの祭りは幻想的だった。八年前に始めたというが、古い建物をどう利用するか。新しい祭りをいかに続けるのか。どこで何を見ても楽しい。勉強になる。もっといろんなところへ行って見たいよ。

◆谷根千創刊時、0歳だった赤ン坊は、今年大学を卒業しました。髭面の息子を見ると不思議です。二十二年間、短くて長い年月だった。谷根千読者の皆さん、ずっと一緒に歳をとってね。（O）

◆年末年始はインドとブータンにいきました。はじめていったブータンの人々のやさしさ、恥じらい、ほがらかさ、礼節、自足のようすに感激しました。一人当たり年収は七百五十ドル程度（一日二ドル?）というのに。この国の文化庁の仕事の柱の一つはソーシャルエチケットの普及。GNPでなくGNH（国民総幸福量）を基準に物を考えるというのに驚きました。わりと最近まで鎖国していたらしいですが、それも悪くないかも。

◆幕末、維新のころ日本に来た外国人は、日本人がいかに親切で陽気で礼儀正しく勤勉で独自の高い精神文化を持っていたかに驚いています。（渡辺京二「逝きし世の面影」平凡社ライブラリーに入りました。オススメ）

◆二年前、東武東上線で通勤して、いかに沿線十五の大学生のソーシャルエチケットがひどいか、あきれました。ないに等しい。大股開き、ケータイにウォークマン、大騒ぎ、車内化粧、老人に席をゆずらないなど。一方、彼らは無表情で、姿勢も悪く、自信なげ。日本の若者をこんなにダメにしたのは誰なのか、ソニーと任天堂か、ゆとり教育の文科省か、いやそれを見過ごした私たちかも。

◆教育学って昔は興味がなかったけれど、いまは一番大事ではないかと思う。アーメダバードでガンディーは若者とともに暮らしました。共生、不殺生、解脱。これを若い人たちと考えてみたい。（M）

◆あむりたさんのじゃがいも料理、いかがでしたか。取材中面白い話をたくさん聞きました。菜食は動物の殺生をしないため。野菜でもネギ、ニンニク、ニラ、ノビル、ラッキョウは肉と同じ精がつくので食べない。肉の好きな人が野菜だけを食べつづけると、性格がおとなしくなる。イマイチの塩でもフライパンで焼くとおいしくなる。ゴボウやダイコンを蒸すと柔らかく甘くなる。塩分をとりすぎたときは根菜を食べればいい、などなど。

◆子供の頃、私は年中家の鍵を忘れたり、なくしたりで、親が帰ってくる時間まで行くところもなく鷗外図書館でふらふらしていました。その鷗外記念本郷図書館が団子坂上保健所通りに移転、4月10日からは本郷図書館になります。谷根千工房に近くなるけど、少しさみしいです。閲覧室がないと聞きますがそれはちょっと困ります…。（K）

【其の八十四】　二〇〇六年七月二十日

講談社　絹の道　自由の風

「上州と谷根千」

◆S字坂上の古い下見張りの洋館が壊され、建て替えられたのはショック。この町の象徴的な建物の一つだった。老朽化が激しいとはいえ、根津の一本裏通りの「曙ハウス」も。この目の寂しさをどうしたらいいのだろう。

◆この国は空洞化しつつある。工場は労働者の安い海外へ移り、しっかり物を作る仕事は少ない。若者の就職先を聞くと外食産業、システムエンジニア、旅行代理店とサービス業ばかり。

◆そんななか、大工の修行をしている息子がいとしい。親バカだけど。朝六時に家を出、夜九時に帰ってからお風呂で二時間も道具を研いでいる。早く出てよ、私眠いからと怒鳴ることもあるが、この愚かしいほど繰り返しの作業に熱中している子がまぶしい。少なくも家を作る仕事だけは海外移転は出来ないだろう。

◆CADで設計し、木材をプレカットし、ツーバイフォーでホチキス止め、みたいな家が多くなり、伝統木工を目指す息子の将来はバラ色とは思えない。良くて日当二万、雨が降ればゼロ。

◆持続可能な地球は私たち一人一人が持続可能な町を考えることから。直して使う、窓を開けてクーラーはつけない、自転車で、あるいはゆっくり歩く、ごみは分別する、そしてタンスのこやしを活用する。今年の夏は久しぶりにしじらの浴衣を着て暮すつもり。（M）

◆またまた遅刊。谷根千ねっとに「遠くから電車で買いにゆくので無駄足はしたくありません。遅れるのか、何時なのか情報をのせてください」とコメントが。七月六日のコメントが引用できるほど遅れたなんて。食事も作らず、掃除もせずに夜業しているのに終わらない。渾身の増ページ、まもなく印刷所に入稿です。

◆そこで遅刊の原因を考える。突然特集は上州だと叫ぶM、いそいそ安田邸の掃除に向かうO、「彷書月刊」の原稿に悩むK。そうか！みんなお前らが悪いんだ。

◆上州無宿半次郎逃亡記。小杉健治「奈落」（講談社文庫）の副題だけど、これがなんとも胸の震える小説なのさ。父っあんのように慕う徳治から質屋殺しの濡衣を着せられた半次郎、唯一無実を証明できるのは身請けされた上州倉賀野宿の女郎お里だけ。だがしかし、人を殺（あや）めた徳治の真情、半次郎との一夜を秘したいお里の身上、二人の心情を悟った半次郎はすすんで小塚原の獄門台に晒される。微に入り細をうがつ市中引回しの描写。こういう本に出会うと、めったなことで人は殺せないぞと思う。いらだつ日は小説を読もう！

◆白山上で買い物したら、中元セールでくじを引いた。「あ、当たりました。特賞！　赤坂プリンスホテル、ロス・インディオスのディナーショーにペアでご招待！」わ〜い。誰と行こうかな。（Y）

◆食の改善をしたら、加工食品を買わなくなった。冷蔵庫には野菜、卵、牛乳。昆布に鰹節に調味料。小麦粉をこねれば、餃子の皮にも、焼きたてフォカッチャや、ケーキにも。ドレッシングも酢とオリーブ油、塩と胡麻を入れシャカシャカ。
◆「音楽療法」という言葉を最近よく耳にする。音楽の力で病気を改善させ、治療させる方法が多くの医療施設で取り入れられている。聴く、弾くのみならず、塗り絵をしながら歌を歌ったりと、多方面に取り入れられている。
◆静的音楽治療にはモーツァルトがいいそうだ。高周波音が豊富に含まれるのが特徴で、フランスのトマティス博士は、モーツァルトの音楽には「自律神経を覚醒させ、脳を刺激して身体の緊張をほぐし、感覚を安定化させる作用のある」ことを見出した。
◆精神的ストレス、働き過ぎ、睡眠不足などの生活習慣、不安や悲しみ、恐れといった精神状態は、私たちの日常である。毎日パソコンの画面を見続け、資料を読み漁る。そして不調だと感じるのだ。
◆そんな状況を和らげるためにもいいらしい。耳鳴り、不整脈、高血圧、花粉症などが改善され、副作用がないのだ。もちろん聞きすぎはよくない。寝る前にコップ一杯の水を飲んで、深呼吸をし、モーツァルトを聞いてから眠ることにしよう。(O)
◆映画「送還日記」を観てからドキュメンタリー映画にはまった。森達也監督の「A」やジャン・ユンカーマン監督の「チョムスキー9.11」など、おもしろい。佐藤真監督の「OUT OF PLACE エドワード・サイード」も興味深い映画だが、二時間以上集中するのは難しかった。
◆「URINARA」の上映会に行った。日本映画学校の卒業制作で、監督河真鮮さんは日本に住む韓国人女性だ。徴兵に揺れる自分の子供を撮った。「ドキュメンタリーは考える方向と結末が逆になってしまうこともある」と言っていたが、だからこそドキュメンタリーが観たい。
◆本郷図書館開館。オトナに混じって多くの小中高生が勉強道具をひろげている。電気も明るく、窓も大きく、棚と棚の間も広く、棚の近くにイスもあるし、閉架だった文学全集も並びよかった、よかった。
◆ところで「本郷図書館」という名前、伝統があり大切だとは思う。でも「鷗外」を取っただけではセンスがないし、まぎらわしい。「鷗外記念本郷図書館」のままではだめ？「団子坂上」とか「千駄木」とか考えなかったのかな。ついでに、文京区の「文京アカデミー」は恥ずかしい名前だ。生涯学習館ではなぜだめなの？（K）

【其の八十五】　二〇〇六年十月二十五日
谷根千ギャラリー、オープンスペース情報
「本日はアート日和」
◆モーツァルトを聞いて寝る実践もできないまま、モーツァルティアンの出てくるミステリーなど読んで肩がこる。
◆子どもの授業料の振込用紙が見つからない。「何色？」「オレンジ」。引き出し、雑誌の間、鞄の中。ない。家捜し三日めでやっと見つけた。出てきた用紙が緑色だった。なんていう思い違い。
◆娘と「野の花の道」展を高崎まで観に行く。駅で降りたら西口２番のバス、と確認して行った。さあ、これに乗るよ。しばらくして、バスをまちがえたことに気付きあわてて降りる。文学館まで延々と歩いた。何で行き先を確認しなかったんだろう。初歩的ミス。思い込みだ。教訓・バス停は一カ所一路線とは限らない。
◆東大構内のイタリア料理店に行った。通院やお見舞いや付き添いの人も、おいしいものを食べて帰れるようになったんだわと思った。東大病院のあちこちを彷徨《さまよ》ったが見つからない。正解は、病院でなく医学部の教育研究棟。おまちがえなく。
◆銀行に行ってきて、とＫに頼んだ。しばらくして「お金おろせなかったよ」と帰ってきたその手

に握られていたのは、航空会社のマイレージカードだった。ゴメン。（色は似てたけどね）

◆最近、思い込みが激しく、さらに自分で勝手に物語を作ってしまう。それに記憶違いが加算される。大事にならなければいいが、だましだまし生きている。（O）

◆シカゴ大学のノーマ・フィールドさんとは一回飲んだことがある。テッサ・モリス・スズキさんもご一緒で、楽しい夜だった。ノーマさんは新著「へんな子じゃないもん」（みすず書房）で、日本で幸福な女とは子育ての終わった後、親の介護までにしばらく時間のある人だ、という意味のことを書いている。ズキンとした。

◆いま、YMOそれぞれに、親の介護が迫りつつある。Yの夫は没したが、長男の嫁であるYは毎月のように、高知にいるお姑さんのところへ。えらいなあ。このおかあさんは九十六歳で一人暮らしで、すばらしい人だ。よく果物やジャコを送ってくれるが、荷の間にきんぴらがビニール袋に入っていたり、ゆで卵が入っていたりして、びっくりしたものだった。

◆お金のないあんたが物入りね、というと、いやJALのバーゲンセールにあわせて行ってるから、とテキもやるもんである。わが親ももうすぐ八十を迎える。

◆シベリア鉄道のご感想は、といわれても多すぎて話せない。いずれ集英社「すばる」に連載します。そう一日、ジャガイモの収穫を手伝った。ロシア人の多くは近郊のダーチャといわれる別荘で、花や野菜、ハーブを植えている。おばあちゃんたちは収穫物を町で売っている。掘った芋をゆで、サワークリームと塩で食べた。うまい。目下の夢は海の見えるダーチャだ。（M）

◆美術館に行く習慣がない。銀座も渋谷も上野にも行くが、映画の最終回に駆け込むばかりで、しゃれたギャラリーは縁がない。でも、谷根千周辺のギャラリーにはよく出入りする。なにしろ気が置けない場所なのだ。

◆懐かしいのは根津のコンドーギャラリー。ちょうど二十年前に「石田良介展」でオープンした。金子邦生の版画、シトロエンの彫刻、詩人の諏訪優と銅版画の棚谷勲の「坂のある町展」もここ。文弥さんの新内も聞いたっけ。私たちもゴールデンウィークには「谷根千古写真展」をやらせてもらった。会期中には記録映画上映会も。これがD坂シネマの前身。

◆そうそう、初めての古写真展で文京区教育委員会の後援をもらった。しかし、この後援は名義だけで、区の掲示板にポスターも貼れないし、懐が寒くとも一円もくれない。そのうえ、会場で「谷根千」を売っていたら、見学に来た教育委員さんに叱られたのだ。「区の後援をもらいながら金儲けをするとは何ごとか！」

◆浪費家の私は、気に入った絵があるとすぐ買いたくなる。もちろん安くてお得な作品ばかりだけど、手に入れないと一生後悔しそうで有り金をはたく。根津の松橋博さんのフレスコ画が欲しくて欲しくて、夫のカードを内緒で使った。数カ月後に使い込みがばれ、私は家計管理から解放された。いいことばかりなり。（Y）

◆九月十日、千石の三百人劇場の最後の映画上映が終わった。三百人劇場は劇団昴の芝居小屋だが、公演のないゴールデンウィークや夏休みは、日本の監督や世界の国ごとにさまざまな特集を組み、数十本の作品を一挙に上映していた。劇場が老朽化したため今年で閉館、映画は今夏の「ソビエト映画の回顧展」と「中国映画の全貌」をもって終了となった。

◆私が日本のモノクロ映画を初めて見たのが三百人劇場だった。昔の女優さんの豊かな美しさ、喜劇のやさしさ、風刺のユーモアは新鮮だった。風景やファッション、話し方も興味深かった。外国の名作、珍しい作品も観た。「天井桟敷の人々」や「パンと植木鉢」など心に残る映画もたくさん教えてもらった。客席はいつも満杯とはいわないが、近所の人やしぶい映画ファンが静かにスクリーンを見つめていた。数年前にイスが新しくなって、もっともっといろんな映画を紹介してくれると思っていたのに。三百人劇場、残念だけど、ありがとう。劇場公演は十二月末日まで。（K）

【其の八十六】　二〇〇七年二月二十八日

其《その》塔碑は即ち魂魄の憑《よ》る所

「谷中墓地桜並木の石碑と霊園再生計画」

お知らせ

　このたび、地域雑誌「谷中・根津・千駄木」は、二〇〇九年春に刊行予定の九十三号で締めくくることにいたしました。

　一九八四年十月に創刊以来、二十三年間、多くの人にお会いし、お話を聞き、活字に起こし、ほかのメディアでは決して伝えられないものを、読者と共有してきました。

　そして、長いものに巻かれず、トラブルにはおそるおそる首を突っ込み、紙つぶてで闘い、打たれれば引っ込んでまた顔を出し、まちがいを訂正し、苦言に頭《こうべ》を垂れ、しかし懲りず、好き勝手に作り続けることができたのは、「こんな雑誌があってもいい」と許容して下さった、この町のおかげです。

　「三号雑誌にはなるまい、三年は続けよう」という思いで創刊し、いつの間にかここまできました。しかしこの数年、継続できる最低ラインの七千部を割り、回復できずにいます。そこで、定期購読の節目である二年八冊を責任もって刊行し、九十三号を最終号とすることにしました。

　長く購読を続けてくださっている皆さま、本当にありがとうございます。もう少しです。ぜひ最後を見届けて下さい。今後二年間、今までの資料を整理し、聞き書きを充実させ、精魂込めて「谷根千」を作ります。（二〇〇七年二月二十五日）
仰木ひろみ／川原理子／森まゆみ／山﨑範子

◆このところ葬式ばかりでうんざりだ。しばらくは、身近な誰をも死なせず、平穏に過ごしたいと思う。たとえ歳に不足はない（ヒドイ言葉だ）大往生であったとしても、御免だ。

◆そんなことを、明治生まれの高知の義母とお茶をすすりながら話す。「葬式すりゃ、やれ一周忌だ三回忌じゃと祭りばかりで気忙しい。あたしは今年は心配いらんきに」と心強い。息子と娘に続けて逝かれた義母は、「あたしより先に死ぬるとは思わんかった」と嘆くが、「代わってやりたかった」という出来もしない言葉はけっして言わない。

◆昨年十一月十四日に亡くなった仰木文雄さんに、誰も代われない。誰も代われないから、腹立たしい。死ねばいい奴なんてゴマンといるのに（失言です）…。

◆「谷根千」を続けることにムリがあるのは、数年前からわかっていた。けれど、いつだって編集作業が佳境に近づくと、スタッフのテンションは上がり、雑誌を作る幸せに酔って、限界が見えなくなった。でも、そろそろ終り。くる日もくる日も雁首揃えて話し合った末の結論だが、決めたとたん気は楽になった。

◆そして不思議。この八十六号は創刊号を作っている気分になった。よし、あと八冊、読まない奴が悔しがるようなモノにするんだ。身の振り方はすべてが終ってから考えればいいんだから。（Y）

◆「大学はやめるつもりだ、小説は書くつもりだ」と夏目漱石は書いている。諸般の事情で似たようなことになった。

◆「谷根千」は二十三年続いた。予想もしない長さである。人生の中で十分な長さではなかろうか。まだ少しはやりたいこと書き残したこともあるが、私たちはすでに疲れ切っている。

◆人に譲ろうとは思わない。「青鞜」だって平塚らいてうが伊藤野枝に譲ったが、結局譲られて一年も保たなかった。人が変わる時、雑誌は変質する。

◆消費税導入から「谷根千」売れ行きは少しずつ悪くなった。五％になり外税表示になるとますます売れない。しかも一千万以上の売り上げのある業者は消費税を払わなくてはならず、事務も増えた。

◆政府のやることはみな人民の首を絞め、生活を苦しくさせる。ＰＳＥ法しかり、教育基本法改悪しかり。今度はいじめ対策のため、先生の再研修や児童、親による授業評価導入をするそうだが、またこれで自死する教師は増えることだろう。

◆「政府は無視《むす》！」と独立自営農民佐藤忠吉さん八十五歳はいう。いちいち行政の言う事を聞いていたら身が持たない。日本は美しい国どころか、生きるに値しない、先行きに希望のない国になった。

◆あと二年、地域の仲間と楽しい時を過ごし、私は父祖の地、宮城県丸森で静かに畑を耕して生を終えたいと思う。（Ｍ）

◆昨年十一月に夫は会社で亡くなった。三か月経っても、どこかに長期出張しているようで、家族で帰りを待っている。

◆十二月にＹやＭやＫたちが、「お別れの会」を開いてくれた。子どもの保育園や学童保育の仲間、マンションの飲み友だち、タケノコ掘りの名古屋の友人も来てくれた。いい会だった。ありがとう。

◆参加者のメッセージの多くは、「いつもおだやかな文雄さん」とある。家では、パコパコ御飯を食べ、黙々と大工仕事をしていた姿が思い浮かぶ。子どもとお風呂でしりとりをし、雪の日は重い梅酒のビンをリュックに背負って歩き回る不思議な人だった。集合写真に写る姿は全て後列の右端。写真が語る夫の性格。
◆谷根千事務所も、部屋を間仕切り、防寒対策を施し、トイレの改装をしてくれた。もっとお礼を言えばよかった。でもあの言葉は忘れないよ。「紅の豚」を観た後、「君は僕のツレアイの豚だ」と。
◆私は夫の二十代を知らない。六十代の姿も知る事ができなくなった。これからしみじみ二人で晩酌しようと思ったのに。
◆それでも時は過ぎてゆく。子どもの受験、引越し、成人式…、次々と課題があった。年を越して、谷根千を作る気力も、安田邸をお掃除する元気も、少しずつ出てきた。愚痴は言わない。悲観しない。これからはスクっと前を見つめ生きることにした。谷根千はまだまだ続きます。（O）
◆国のタウンミーティングのやらせや無駄遣い、都知事の税金を湯水のごとく使った視察旅行、大臣の「女は産む機械」もおとがめなし。嘘をついて人をだまし、公費を私的に使い人間を機械とする。美しい日本の愛国心推進者たちはこの程度だ。信用できないね。
◆今、Oが隣の部屋でラジオ体操をしている。Yは高知から明日帰る。Mは丸森。みな元気です。
◆叔父、仰木文雄が亡くなって三か月。まだ仕事帰りの叔父に駅で会うような気がする。朝早くから夜遅くまで、最近は土曜も日曜も会社に詰めていた。会社やお金に殺されてしまったようで、いっときは、二時間の長距離通勤を可能にした鉄道会社まで憎らしく思えた。八つ当たりもいいところだけれど。
◆昨年、唯一良かったことは、会社に勤めていた友人が残業代を求めて闘い、見事未払いの二百万円を取り戻した。月給十六万円で終電まで働かされ、隔週で土曜出社だった。お金のない会社ではない。社員をこき使い、会社は肥え太る。

◆健康を保つコツは、あむりたさんの言うとおり。みなさんも、自分の体は自分で守ってください。ぎりぎりまで無理しないでください。忙しいんだからそんなことといったって…といわず。（K）

【其の八十七】　二〇〇七年六月二十日
千駄木のお屋敷へようこそ
「旧安田楠雄邸公開」

◆「谷根千やめるんだって」と多くの方に聞かれた。続けられないの？　お金？　ネタ切れ？　二年後何するの？　事務所どうする？　返事できない。でも二年は頑張ると決めた。
◆そんな最中、パソコンのハードディスクが壊れ、アドレスはプッツン。インターネットサーバーが見つからないと表示が出る。頼みの綱、スマイル企画のNさんはダウン。「ヒロちゃん、やっぱり最初に戻ってパソコン使わないで谷根千つくろう」とヤマサキが言い出す。
◆サッカーくじが六億円と聞き、「アタシは五十万くらい当たればいいいな」とK。皆一攫千金をねらって買うのに、遠慮深いねぇ。「だって、大金当ったら働くの嫌になって何もしなくなる」。確かに。これが正常な考えだね。
◆四月から水曜と土曜、千駄木旧安田楠雄邸を公開しています。ゆっくり見たい方は水曜日に予約するのがいいですよ。私はなるべく土曜日は安田邸におります。声をかけてね。
◆三崎坂を自転車押して上っていると、前を歩いていた老婦人が立ち止まった。目が合うとにこっとして「いいお月様でしょう。坂を上る人は気がつかないからもったいないと思って」。振返ると三日月がきりっと光っていた。「地上は嫌なことが多いけれど、お月様を見るとホッとするわ」。本当に。（O）

◆四月十四日、広島から本を読みながら帰ってきた。翌日、床がデコボコに見えた。目の使いすぎかな。十六日、今度は線がゆがむ。縦も横も曲線に見える。変だ。そこへ編集者の後藤恵子さんが電話をかけてきた。彼女は中学・高校の友人でもある。「あなた目は商売道具でしょ」、とこれまた友人のいる東京女子医大の緊急外来に付き添って行ってくれた。

◆四月十八日、原田氏病と宣告。はじめて聞く。「腹出し病？」。自己免疫疾患の一つで、百万人に六・八人の珍病だそうな。即入院をすすめられたが、仕事もめじろ押し、いまだ深刻性が理解できず、二十二日入院する。

◆外から入ったウイルスが、私のメラニンにいたずらをし、私の免疫がこれを異物と判断して誤爆しているんだそうな。つまり内戦ですな。トロイの木馬か、といったら娘、トロイのクマだって。

◆原因は不明。症状と対処法はわかった。なんだか恋と同じだね。ステロイドの大量投与しかないそうで、十日間入院して点滴、あわや失明かと思ったが、視力は回復。しかしそう簡単ではない。全身のメラニンが破壊されるため、白髪、脱毛、白癜《なまず》もでる可能性あり。ステロイドの副作用で骨粗しょう症、感染症、糖尿病にもなりやすい。いまはムーンフェイス。まあ、死なないとわかったら面白い。休め、という神様のお告げかも。（M）

◆超特大増ページ！　九十三号で終刊と決めてから、あれもこれもと内容は増殖の一途。これからがイタチの最後っ屁。

◆四月の統一選挙の投票日は高知にいた。新聞もテレビも、東洋町の町長選挙一色。核廃棄物最終処分場の文献調査を受けいれた前町長のリコール運動・辞職、出直し選挙。前日の高知新聞に、町長候補二人の紹介コラムが載った。ともに「裕福でない生い立ちを足場に、国の不公平や政策の不備と向き合ってきた」そうだ。

◆前町長は東洋町の出身。船大工の倅で、夜間高校で学び、民主青年同盟に集い、二十六歳で共産党町議となり、無所属の町長になった。対立候補は隣町室戸の出身。出稼ぎの母を待ちながら姉と暮らし、大学で民主青年同盟に入ったがすぐ止め、学生運動や狭山闘争の社会運動に身を投じた。故郷に戻ったのは二十五年前。

◆テレビに映る東洋町の海や山が美しい。結果を案じる青森県六ヶ所村の豊かな大地も映し出される。でも傍らに巨大な核燃施設。東洋町の投票率は九〇パーセントに迫った。大差で反対派が当選。

◆地元文京区。近所の子育て仲間が区議選に出るというのでウグイス嬢？　を初体験。目白台の高級住宅街で、学童保育の充実や給食の安全性を訴えてもなにやら虚しい。ブービー賞で当選した新区議にはせいぜい猛勉強をしてもらい、区政の何たるかを教えてもらおう。（Y）

◆毎号不思議なのだが、いただいた原稿、うかがったお話はふいに重なるときがある。今回は日医大の上代《かじろ》先生と仏語の豊島與志雄さん。

◆墓地には有名、無名のいろんな人が眠っている。私は墓も碑も読めないけれど、若くして亡くなった学友のために立てた碑なんておもしろい。友情の篤さまで伝わってくる。

◆墓地で碑の絵を描いていたら、築地の乾物屋さんで、碑を研究している方に声をかけられた。「ここは他の霊園にくらべておおらかでいいよね。四百本の桜並木が植えられたときも、手続きが大変だから忘れものとして処理したんだよ」

◆そこへ谷中霊園の管理人さんが現れ「桜並木は管理している側からすると困るんだよ。植えたときはこんなに大きくなるとは思わなかっただろうけど、今では根っこで墓石持ち上げられたという苦情ばかり。お墓移すったって、一基百万円くらいかかるんだよ。お寺の墓地が混在しているのも困るんだよね。お寺はゴミはお持ち帰りくださいといってるけど、墓参者は都営のゴミ箱に捨てていく。そのゴミを捨てる時に払うお金は、都営の利用者のお金だよ」

◆それでも緑の木陰は、私たちに大いなる安らぎを与え、通る風は町全体を浄化する。お金より生きている木のほうを優先したい。お墓持ってないからそう思うのかなあ。(K)

【其の八十八】　二〇〇七年十一月十五日

私の最期はどんなだろう

「『介護』はたいへん？」

◆「ヤネセンやめたんでしょ、いま何やってるの？」と声をかけられる。それも旧知の人から、幾人も。そうかそうか。買って読んでくれていると信じていたキミたち、ホントは読んでいなかったんだね。いいさ、友人への勧誘売り込みを怠ったアタシが悪い。すでに谷根千は廃刊したと思っているみなさん、残念でした。終刊は九十三号、あと六冊あるのよ。

◆しかし、季刊誌と看板を掲げながらこの体たらく。情報や広告をお寄せくださった方々、ご迷惑をおかけしました。

◆なかでも、上州補遺でふれた八ッ場ダムをめぐるシンポジウムのお知らせが間に合わなかったのはツライ。主催事務局の渡辺洋子さんが、丸一日かけて見せてくれたダム関連現場。地盤の悪そうな新造成住宅地や、映画セットのような移転住宅モデルハウス群。自分の住む国なのに、知らないことが多すぎる。

◆今年四月、文京区立特別養護老人ホームくすのきの郷の介護報酬不正請求が判明。この事件から学ぶこと、腹立つことも多かった。経緯そのほか、くすのきの郷ホームページを端緒に、各報道に目を通すと、これも介護構造ミステリー。

◆毎月の高知往復で読書時間が増えた。「世界屠畜紀行」（内澤旬子、解放出版社）、「虫と人と本と」（小西正泰、創森社）「日本の一番長い夏」（半藤一利編、文春新書）。どれも未知の世界に触れるオススメ本。（Y）

◆一週間が飛ぶように過ぎていく。行事の多い四ヶ月でした。イタチの最後っ屁、渾身の一冊と言いながら、特大の八十七号を作り、八十八号も同じ過ちをする。

◆私が子どものころ、父は八十キロ、身長百七十三センチの大男だった。家の二階に日曜大工で二段ベッドを作ってくれ、姉と私はよく秘密基地ごっこをした。

◆父が夜中、寿司折りをぶら下げて帰ると、母は「温かくして降りていらっしゃい」と私たちを呼ぶ。待ってましたとベッドから飛び出し、ひとつふたつつまんで再び布団へ。大人の時間帯に、大人の食べ物を食す非日常にワクワクした。

◆朝、屋上菜園で父は団扇のような小松菜や、ナス、キュウリを収穫して下りてきた。食卓に並ぶナスの味噌いためやキュウリの糠漬け。農業をやりたかった夢をささやかに実現させていたんだね。私の昭和三、四十年代の記憶。

◆その父は六月二十四日に介護ベッドの上で八十歳になった。「何歳になったの？」と聞くと、「三十六歳」という。冗談か、それとも？　しばらくして聞くと、今度は「六十歳」と言ってニヤッと笑う。「痩せても耳だけは大きいね」と私がいうとかすれ声で「バカヤロウ」とまた笑った。

◆翌日、朝焼けの中で、煙草を吸う仕草をする父の姿を見た。長い間、煙草を挟んできた指。グローブみたいだった手も指もすっかり細くなっていた。（O）

◆ご心配かけました。私の目は少しずつ快方に向かっていますが、まだ長く本を読んだり、仕事をしたりには耐え得ません。以前の仕事量を半分にし、のんきに暮らしています。いままで元気すぎたため見えなかったこともあるし、病気をして優先順位がはっきりしました。

◆父、森滋は七月六日にみまかり、向丘の光源寺で通夜、葬式とあわただしいながら、患者さん、町会の人々、同業の仲間にみおくられ骨となりました。八十年を地域医療につとめ、娘から見てもきれいな人生だったと思います。戦争で死ななかったことに自責の念を持ち、名誉利得にはいたって恬淡としていました。

◆病床の父に父祖の地、宮城県丸森の野菜や写真を届けることができました。阿武隈川、丸い森、畑に育つ作物、デジカメを次々と回すと、「もっとゆっくり」といったのが私が聞いた最後の言葉です。でも自宅で八十歳の誕生日を祝えてよかった。

◆その丸森の畑で、今年はジャガイモ、玉ネギ、ソラマメ、トマト、キウリ、ニガウリ、ズッキーニ、シシトウ、ピーマン、ニンジン、ネギ、モロヘイヤ、そしてサツマイモとゴボウがとれました。もちろん少量ですが、とれたての野菜はおいしい。シソとレモンバームも雑草のごとくはびこっています。フレッシュハーブティーで一日をはじめ、夜はシソの穂漬けでビールを一杯。幸せです。(M)

◆夏、私のパソコン本体とモニターがそれぞれ壊れて、計二か月ほどパソコンなしの生活。目は痛くならないし、時間も節約。快適、快適。

◆Yさんからもらった青春18切符の残りで、千葉県木更津市の馬来田(まくた)、久留里(くるり)に日帰りで行った。馬来田駅からいっせんぼくという湧水地まで農道を通ってハイキング。久留里では城山に上るといい景色。町のあちこちに井戸があり、水と風の旅でした。

◆回収業は奥が深すぎて、私の力量では、ほんのちょっとの見学記にしかできなかった。リサイクルの本はいくらかあるが、回収業の本は少ない。詳しく知りたい方は、ぜひ東日暮里荒川リサイクル協同組合へ。
◆水はどうやってくるのか、食べ物は？　電気は？　ガスは？　生活に関係するのに知らないことは多いなあ。（K）

【其の八十九】　二〇〇八年三月三十日
豊かな時間の過ごし方
「町で遊ぼう大人の工作」

◆毎日バタバタと過ごして、深夜まで起きては「疲れた」だの「ああ、少しはゆっくりしたいわ」と口走ったら、「温泉に行っても、あちこち歩き回るんだからしょうがないよ」と言われてしまった。そうなの。私はボーッとできない性分。
◆娘時分、冬の夜は母とドラマを見ながら毎日編み物をし、一週間に一枚はセーターを完成させていた。パン・菓子作り、織物、草木やろうけつ染め、洋裁、和裁、タッチング編み、フランス刺繍、デコパージュ、ペーパーフラワー、レジン樹脂アクセサリー、油絵、木目込み人形、木彫、カッパークラフト、陶芸となんでもやった。趣味が多いのは父母譲り。
◆毛糸屋は田端に行く道の左にあったし、家の三軒となりが糸屋で、刺繍糸も売っていた。日暮里の繊維街も近いし、恵まれていた。ペーパーフラワーやレジンの材料はデパートで。でも手に入らずにできなかったものもたくさんあった。
◆最近は韓国のポジャギの美しさに見惚れ、作ってみたいと思ったが、布や糸が入手困難。やっと布を手に入れたが、目が疲れ、根気が続かない。今回、町の中で体験できる店を回ってまた「作る」ことにワクワクした。家に眠っているもの、叩き起こして何か始めようかな。
◆旧安田邸、新聞報道のお陰で「お雛さま・どっとこむ」でした。四月五日は夜桜。続けて五月人形。

おこし下さい。（O）

◆「趣味は読書」と陳腐な答えを書いていたのに目がやられたのではしかたがない。もう十分読んだのだから考えることにした。「学んで思はざればすなわち危し」。でも他に何にも趣味のない私。

◆ガタピシ建て付けの悪くなった体を直しに、湯治を趣味にすることに。正月は宮城の鎌先、遠刈田、鎌倉、青根あたりを入り歩いた。遠刈田や飯坂は町の中心にでんと共同浴場があって、周りに商店や食堂が並ぶ。こんなところに安アパートを借りて、毎日入りに行こうかな。

◆も一つは鉄子《テツコ》。シベリア鉄道経由でパリまで行って、夜行特急にはまった。二月は熊本県小国町に講演を頼まれ、行きは大分行き「富士」。帰りは熊本発「はやぶさ」。もうすぐ廃止なので車内はヤニで黒ずんでいたが、それも昭和レトロか、いや快適。途中、厳島神社、錦帯橋、柳井の町並、下関、日向の町並を見て小国へ。ここは谷根千とポリシーは同じ、「暮らすのが楽しい町づくり」。地元産小国杉を用いた公共建築、地場の野菜や地鶏料理。若者たちの開いた居酒屋があって、夜遊びが楽しい。前町長の宮崎暢俊さんは自遊人になって、バーのカウンターの中に入りカクテルを作ってくれた。

◆どこへ行っても「厚労省がなくなれば」「農水省は潰さないと」「文科省が諸悪の根源」と現場の人はいう。いっそ全部潰して無政府相互扶助社会をつくろう。（M）

◆因州（鳥取）鹿野町の麓に、築九十年の旧メリヤス木造工場がある。学校や保育所、公民館にも使われ、思い出のぎっしり詰まったこの建物を残そうと「株式会社サラベル鹿野」を設立した佐々木千代子さんに会った。一株三万円の株主に加えてもらおうと思ったのは、この場所で鹿野の人たちの熱っぽい話を聞いたからで、それは「谷根千」を創刊した四半世紀前の自分にも重なった。

◆鹿野との縁は、スナック「美奈子」で生れた。

二年前の着物体験取材以降、たまの助っ人でカウンターの向こう側に入る。私が鹿野から来たお客さんの水割りを作るとは、人生何があるかわからない。

◆二月の高知行きは、海の中を走るような呉線に乗って、広島竹原の町並みを楽しみ、竹原港から四国波方港へ渡った。土佐へはあと何通りの行き方があるだろう。九十七で独居する義母の介護が、穏やかなまま長続きしますように。

◆私の趣味は介護から墓へと広がっている。連句仲間の心太が、「山越えて山越えて行く墓参り」に「一寸先の闇の輝き」と明るい付け句をしてくれたころ、実父の右半身が利かなくなった。はたちの時に家を出てから、なんとなく両親とは疎遠で、実家の川口に向かう荒川の鉄橋は、私には瀬戸内海よりも難所だった。介護はその距離を縮め、いまは月に一晩、父の横で手をつないで寝ている。(Y)

◆上野の科学博物館で、モジホコリという変形菌をもらった。シャーレに入れて飼う。寝床は寒天、エサはオートミール。

◆もらった変形菌は変形体というアメーバ状で、家に持ち帰ってしばらくするとレース模様に広がった。形を変えながらゆっくり（一時間に一センチ）動く。じっとみているとわからないが、ときどきのぞくと、模様が変わっている。これ、ずっと飼ってみたかったんだ。

◆nicoさんの漆セットで、ためしに割れた分厚い陶器の皿をなおしてみた。なかなか接着力があり、一回でも結構くっつく。次は茶碗、カップのひびも。

◆手袋をはめて気をつけてはいたのだが、片付ける時にうっかり漆に触ってしまった。右手の甲に赤いブツブツができ、一気に広がり、三日後に顔の右半分も痒くなり、掻いたらパンパンに腫れた。

◆悲惨な姿になったが、漆の強さに感動。本当にかぶれることにも感動。世の中おもしろいことは

たくさんあるなあ。しかし、このかぶれ、次にどうなることとか。みなさまも、どうぞお気をつけください。(K)

【其の九十】 二〇〇八年七月十日

森まゆみ　聞き書きという幸せな作業

1「東京転々　中一弥の人と仕事」

2「フランス料理店　鉢の木のこと」

3「鳴子温泉のみなさんありがとう」

◆わが有限会社谷根千工房は五月が決算。今期の総売上高が一千とんで三十一万三百六十一円とわかった。「あと、三十一万少なければ消費税払わなくてすんだのに残念」といったら、旧知の会計士先生は呆れ返った。年四冊出るべきが二期続けて三冊しか出ず、なお原価は前期よりも高くなり(増頁のせいですね)、「これはもはや報酬ゼロにするしかない」。

◆谷根千工房はMOYが役員で、社員はK一人。ジャンケンで負けた私が社長だ。不信任が出ないのは、あとの二人だったらとうの昔に倒産してたから。Mの役員報酬はすでに十年近くゼロ、しかたないのでOYも先月からゼロにし、これまで会社に貸した金の返済金と出稼ぎ収入で当座をしのぐことにした。Kの賃金は最低基準の上、残業代未払い。今はO家の夕食つきでがまんさせているが、そのうち独り組合を作りストライキを決行し鉢巻き姿で労使交渉するだろう。

◆こんな左前の職場でもノーテンキに明るい。豊かな気分である。なぜか。ここで出会う人が、刺激的で寛容で慈愛に満ちているからだ。苦労人も意地悪も高慢ちきも能足りんもいるが、だれも優しく、人の痛みを知り、好奇心があるからさ。

◆Mに薦められた「火花―北条民雄の生涯―」を読んだ。スゴイ本だ。著者の高山文彦氏がバイト

先のスナック美奈子に来た。夢のようだ。以来、川端康成と高千穂にハマる。(Y)

◆秋葉原の事件のあと、マスゾエ大臣は派遣の待遇の調査をするという。派遣だから殺ったんじゃない。コミュニティもなく、家族とも友だちとも誰ともつながれなかったから起こした事件なのだ。少年犯罪の犯人が母子家庭だと、今度は母子家庭が問題になる。どこかの国で橋が壊れれば、日本の橋を調査するのに二千人係員を増やすという。首をしめてくる。

◆政府のやることは調査と管理を強めることだけだ。事件や問題をきっかけに、官僚の権限を増すだけ。こんなのにだまされて増税されたらかなわない。金はある。くだらない工事やイベントに湯水のように金を使っているし、無駄で無内容の報告書やパンフレットは誰にも読まれず積み重なるばかり。

◆田舎で暮らすようになってわかった。東京で何かやっても支援はないが、農村ならぞろぞろ補助金がつく。補助金をとるのが地方の役人や農協の仕事。視察旅行も補助金で行く。だからほとんどの人は自分で考えなくなっていく。道路が欲しいんじゃない、公共事業が欲しいだけ。それとメンテナンスの草むしりの仕事。自分で仕事を作ろうとしない。

◆批判しているんじゃない。独立自尊でやってくれ。私たちは貧乏ながら行政から一銭ももらわず谷根千を作ってきた。夢を叶えるには自分で金を集めることから始めなくては。それが楽しいのに。(M)

◆母方の先祖の墓が山形鶴岡にある。守るのは母一人、しかも高齢となり、お参りに行かれないので、改葬し、父のいる駒込の墓に入れてもらうことになった。そこで、手続きのため親子孫三代女五人の酒田・鶴岡一泊旅行となった。

◆母は、女学校時代、鶴岡に疎開、また、藤沢周平ファンなので楽しみにしていた。あの頃食べた味、場所、景色、思い出確認旅行だ。孟宗竹のお料理に舌鼓をうち、車窓から見える鳥海山に感激。映画「蝉しぐれ」の撮影場所にもなった丙申堂風間資料館の珍しい石置屋根も見学した。

◆最後に疎開時代にお世話になった家にタクシーで向った。突然の訪問だったが、「源内はんの姉はん」に会うことが出来た。母は「私のことはわからなかったと思うけど、一目会えてよかった」と涙を溜める。中身の濃い二日間だった。

◆運転免許証の更新に行った。最近、銀行では必携の写真付証明書だ。六月一日から道路交通法改訂で、後部座席のシートベルト着用義務化。自転車も認められた歩道以外の歩道の走行ができなくなった。しかし、現実は歩道を走る。狭い歩道でスピードを出して走る自転車には腹立つが、今の道路は怖くて走れない。十二歳以下と七十歳以上は歩道でも可という。十三歳の我が娘が道路を走る姿を想像すると、背筋が凍る。自転車レーンのある歩道を整備して欲しい。(O)

◆帝銀事件の逮捕と裁判、なんて胡散(うさん)臭いんだろう。こんないい加減なの、再審してくれないと困る。秋の展示は楽しみ。

◆亜紀書房から今秋刊行予定の「ベストオブ谷根千」編集の手伝いで、一号から八十号を読む。谷根千は古い号ほど面白い、と感じるのは自分の知らないことばかりだからだけではない。古い情報には寝かせたワインのような味わいがある。

◆さらにYOMの三人がきゃぴきゃぴして、恐れ知らず。よく間違いよく叱られてもいる。とっつきやすくて面白い。子供たちのカワイイ写真を載せたり、親バカもご愛嬌。狂喜と激怒、わからないことを調べまくるエネルギーから何が飛び出すか、読者を興奮(不安に)させる。

◆三十二号確連房通信の「どうでもよい話」に、スタッフ三人の共通点として「朝に顔を洗わない、化粧をしない、映画が好き」とある。が、私はもうひとつ発見。「考えながら髪を抜く」。

◆谷根千のアルバイト並み社員になり早五年。毎日が夏休み。楽しい職場だ。ちなみに、他の三人には次のように言われている。「仕事教えてあげてんだから授業料払ってほしい」「あんたが遊んでばかりいるからつられて、谷根千が定期的に出ない」「出入りしているなあと思っていたら、いつの間にか居ついたわね」って、私は猫かいな。（K）

【其の九十二】二〇〇八年十二月一日

楽しく暮らせる町とは

「子どもの遊び、少年の記憶」

◆一冊がなかなかできない。やめるのがいやになって引き延ばしているんだろうって？ そうじゃないんですけど。

◆次男が二十歳になった。どこで情報を得たのか、写真館からダイレクトメール。はがきの裏は女性の振袖姿。「みずき」といいますが、男です。そして年金の通知も。二十歳になった途端、この通知だけは漏れなく来るんだ。

◆今夏は、家の改修で一カ月仮越ししていた。電子レンジなし。ワンフロアに住むのも久しぶりで、階下から大声で子どもの名前を呼ばずにすむ。でも冷蔵庫は何でも凍るし、熱帯夜にクーラーが壊れるし。そして夜中の落雷豪雨で停電。「明日になれば明るくなるさ」と子どもたちは暗闇で校歌を合唱。こういうときに歌う歌かね。一人救いを求めて雨の中、外へ出た。交番では「停電ぐらいじゃ助けに来ないんじゃない」というが、深夜二時、東電マンが駆けつけてくれ、漏電とわかり、解決。落雷で一晩中大忙しだとか。働く姿がかっこよかった。

◆永徳齋（えいとくさい）展の図録制作で、安田邸勝手口から雛人形を搬出、隣の高村スタジオに運び込み一体ずつ丁寧に撮っていただいた。撮ったものを拡大し、画面を真剣に覗き込む規（ただし）先生。随身の口に一本ひげが。というと、アシスタントのお兄さんが、ピンセットで取り除く。いい図録ができました。お勧めです。（O）

◆Oと二人、鎌倉風致保存会の招きで谷根千の話をしに出かけた。会場は鎌倉建長寺内回春院。縁深い山寺が美しい。参加者に三十年前の同僚が二人。まったく別の人生を歩んでいたはずの彼と彼女が、何がどうしてどうなったのか、今は仲良く連れ立っている。宿泊先の扇ヶ谷の部屋、早朝彷徨った亀ヶ谷坂切通しや銭洗弁天。十二所果樹園の作業。鰯尽くしの昼食。夏の終わりの幸せな時間。

◆旧安田邸の花嫁のれん展は、新聞各社の紹介もあって大盛況。六日間で三千人を越える来館者となった。問い合せ先が谷根千工房というインフォメーションも多く、連日電話が鳴りっぱなし。千駄木駅からの道順を幾度繰り返したことか。

◆それでも人は道に迷う。団子坂を出たら左手の交差点を左に折れて坂を上り……って言うのに、信号が青になると、せっかちな思い込みおばさんたちは渡りたくなるらしい。他人事じゃない。二日間ほどサンドイッチマンよろしく、法被姿で団子坂に立ちました。

◆「近くにまともな書店ありますか？」。安田邸は無論のこと、あらゆる道案内をしていたなかの一つ。魅力的な女性に聞かれ、少し歩くがと往来堂を案内したら、帰りがけに「すばらしい本屋だったわ」と感謝された。団子坂下よろず行き先案内所「ノリコの窓」では、暮らしていかれないかなぁ。（Y）

◆新銀行東京のずさんな融資で逮捕者が出た。幹部の責任を問うと石原知事はいうが、一番責任があるのはあなたではないのか。その逮捕者のなかのブローカーが文京区白山五丁目在住だったのもなんだかお尻に火がついた感じ。リーマンショックから右往左往する人が多いが、ここはタンス貯金しかないのかも。「お金は銀行に預けるな」なんて本に踊らされて投資した人は自業自得だ。
◆夜中、バイクの爆音で目が覚める。エンジンかけたまま、おしゃべりしてるやつもいる。スピード違反だけではなく、泰平の眠りを覚ますバイクや車の騒音も罰するべきではなかろうか。音のしないバイクを開発しないなら欠陥商品として回収してもらいたいもんだ。
◆というわけでうるさい東京をさけて今年の夏は七尾ざんまい。七尾の魚は氷見と同じ海を回遊しており実に美味しい。近くには和倉温泉もあり、これからブリや牡蠣のシーズンです。
◆汐見小や千駄木から八中、文林中に行く子がだんだん少なくなっているという。学校に問題があるのか、お受験に走る親に問題があるのか、うちの三人はみんな区立の中学でよかったと思うけど、成澤文京区長に陳情に行ったら、「私はずっと私立なのでわかりません」と言ったとか。もっと楽しく実のある区立に、みんなで考えよう。(M)
◆懸賞パズルに多数のご応募、ありがとうございました。毎日のように、お答えをいただき、郵便受けを覗くのが楽しみでした。
◆母が「さびしいから帰ってきてほしい」と言うので、八十一号の取材をきっかけに借りていた日暮里のアパートを引き払って、実家に戻りました。
◆そのアパートは、延命院の墓地の裏にあり、一階は石屋さんの作業場、春は満開の杏に、花びらをついばむ鶯が見える、風流な部屋でした。夏は朝四時から蝉と烏が大音量で騒ぎ、嵐の夜は墓地の大木が暴れ、恐ろしい季節でしたが、たまに通る風が待ち遠しく、暑いのが好きになりました。夏でも風や雲や雰囲気にいろいろ変化があって、八月もお盆をすぎれば、なるほど確かに秋。鳴きはじめた虫の声が心地よく、ラジオやＣＤを聞くなんてもったいない。冬は寒さと日差しの暖かさを堪能しました。ベランダが広かったので、園芸に挑戦し、種を蒔いて発芽を待つ喜びを知りました。締め切った部屋の中で蟷螂が孵化したり、ヤモリが這っていたりという不思議な事件も多々ありましたが、最高の部屋でした。

◆実家に戻ると案の定、毎日、母と喧嘩、喧嘩、喧嘩。またあのアパート借りたいなあと見に行ったところ、すでに新しい住人がいるようでした。（K）

【其の九十二】 二〇〇九年三月三十一日

先端技術と熟練とスゴイ男たちがいた「谷根千の町工場」

◆川口生まれゆえ工場は身近だった。鋳物工場の男たちは煤で真っ黒、わが家の洗濯物も昼に干すと煤けた。鋳物師《いもじ》のカッコよさが、子どものときにはわからなかった。工場のない町に住みたくてここにきて、工場を探して歩いていた。

◆中小零細企業の社長の条件は魅力的なこと。この社長だから働くんだ、という気にさせねば未来はない。そして潰さず、切らず、踏ん張る。むずかしいよなぁ。

◆今年は春から江戸千家の初釜へ招かれ緊張した。Kに貰った『茶の湯テキストブック』で予習、白雲洞さんで手ほどきを受け、Oから扇子と袱紗を借りる。さあ当日。つくばいで手を洗い、にじり口から茶室に入る。床の間とお道具を拝見（ドキドキ）。濃茶を戴き茶碗を拝見。点心席に移り料理の美しさにみとれ、盃で戴く酒に酔い、薄茶《おうす》席で気持ちがほどけた。多々失敗はあったが無事終了。心配は、熨斗袋の中があれでよいのかどうか…。

◆倒れた父が復活。無理な延命はしないと宣言していたが、穏やかな顔を見ると人口呼吸器を断らないでよかったと思う。狭い階段を車椅子ごと持ち上げて昇降する。その力仕事だけが私の親孝行。

◆一人暮らしを続ける高知の義母から電話が入る。「お父さんはまだ帰らんが、そっちにおるかね?」「おるよ。遅くなるから先に休んでって」。亡夫を待つ人に、夜更けは嘘も方便。ごめんね。(Y)

◆みんなここに来てだらけてしまった。疲れが出たのか、一生懸命歩くのに、ちっとも目的地に着かない感じ。歳とともに知り合いが増え、しがらみも増える。二十代のようにかろがろと、小銭入れひとつで町を闊歩できないのだ。

◆目が悪いのでまぶしいところへは行かれない。耳鳴りがするからうるさい音楽のかかっているところもだめ。と出入りできるところが半分に減った。

◆それで北タイの山岳少数民族の村にいく。私には世界でここが一番居心地がいい。二番目は丸森の畑。三番目は自分の家のベッドの中。一番居心地が悪いのは勤めていた大学の研究室だった(笑)。ラフ族は自分の国を持たないが言葉は持っている。共産軍に追われて戦後、ミャンマーからタイ国境の山の中に移り住む。タイ人の耕さない急斜面を焼き畑で細々と耕す。初めて行った十年前、学校もない、電気もない。いまは電気がはいり、共有の水瓶ができ、テレビも村に一つはいった。それでも畑まで毎日一時間歩いて通う。その上、その間も歩きながら綿の糸を紡ぐというのだ。これには泣いた。

◆谷根千をやっていたおかげで全国各地と交流ができた。湯布院、七尾、内子、石見銀山、そして北タイ。少数民族にリーダーを育てるため、私は今年ひとりに学資を援助した。興味のある方の連絡をお待ちします。(M)

◆春に終刊って、もう終わったの? いえ、まだ九十二号を作っていて、恐らく終わりは八月です。終わってなくてごめんなさい。と変な返事をしている。

◆トークショーや雑誌のインタビューなど慣れな

いことが続く日々。ラジオの生放送は打ち合わせもなく、工房に入るなりマイク（本番）を持っていたのでびっくりした。髪も梳かさなくていいし、ラジオはいいねぇ。

◆見渡すと、一緒に始めたタウン誌や町の雑誌が休刊、廃刊している。その多くは編集発行人たちの健康上の理由。私もお年頃のせいか、いろいろ不調。血圧がぐんぐん上がる。子どもたちもいまだ親を心配させるし。Ｙにはそんなに気になるなら血圧計を捨てちゃいな、と言われている。

◆首の後ろが重く、町の病院で受診。薬をもらう。その足で治療院へ駆け込む。血圧は右足の親指をよく揉むといいといって簡単な体操を教えてくれた。痛いことはしなくていい、気持ちいいと思う方向へ体をねじればいいから。優しい言葉をかけてもらったらだいぶ楽になった。

◆そんなわけで、健康のために大いに笑おうと思っている。旧安田邸の第二回福楽寄席は六月六日土曜日に。古今亭志ん五師匠再び登場（要予約）。第三回やねせん亭も。近くで落語聞けるって、幸せだなあ。（O）

◆昨秋のある休日、芝公園に行ってみた。東京タワーに上ろうかと思ったが長蛇の列。面倒になって公園へ戻ると、小粒のきれいな銀杏が、敷き詰められたかのようにたくさん落ちていた。この辺の人は拾わないのかな。私にしては珍しくちょっといい靴を履いていたので、ゴミ箱にビニール袋を見つけ、道の真ん中をあけつつ拾いはじめたら、もうとまらない。

◆袋一杯に拾い持って帰ったのはいいが、果肉を落とすのが大変。欲張るものではないと大いに反省。洗っている途中、気をつけてはいたのだが、あまりの匂いにやっぱりカブレた。

◆ところで、88号で訪ねた川原湯温泉。2月末に（Ｙさんとは別に）行ったら八ッ場（やんば）ダムの関連工事が進み山肌があらわになっていた。

けれども、2010年完成といっていたダム本体の着工はまだ当分先。工期が延びるほど、温泉街は苦しくなる。ダムに賛成の人も反対の人も関係ない。みんな温泉に入りに行こう。（K）

【其の九十三】　二〇〇九年八月十日
聞きたかった話、伝えたかったこと
「聞々伝々」

◆最後の編集後記。体の不調を訴え続けた自分を反省。若い頃は赤ん坊を背負い自転車で坂を上り下り、体には自信があったのだけれど。先日、筋肉を測定したら、両腕だけ超アスリート。あとはヘロヘロ。今後は、毎日水中歩行するつもり。

◆前田秀夫さんの谷根千イベントアルバム。やさしい視線で私たちを撮ってくれていたんだ。思い出すあれこれ。

◆十八年前、古写真展は谷中のダウンタウン工房が会場。新聞に記事が出たら、会場お隣のおじさん「新聞の古写真展てこれなの？」ってやっと見に来てくれた。

◆路地事典。ご主人が玄関で快く対応してくれていたのに、奥さんが出てきて「あんた、なに余計なことしゃべってんのよ」って、夫婦喧嘩が始まった。

◆テレビ取材を受け、喫茶店に配達。「ご苦労様！　って飲み物出してください」。本番。出てきたアイスコーヒーにネギのカケラが。飲む寸前でカーット！　それは使った麺つゆだった。「あーら、どうせ撮影でしょ」って。やられたァ。

◆奏楽堂のオルガン保存運動の打上げ。諸先生方の前で歌った初カラオケ。あの時抱いてた赤ん坊ゆず子は今二十三歳。

◆不忍池地下駐車場反対パレードで。谷中ふるふるのママが歌舞伎の「獅子」の衣装で一緒に帰り

ましょうって。タクシーが止まってくれなかったなあ。まだまだある。楽しい二十五年でした。（Ｏ）
◆最終号。残念！　という気持ちとやったァ！という気持半々。Ｙいわく、「もうお互い顔を見なくてもよくなるね」
◆仕事はしかし終わらない。まず在庫販売がある。ありがたいことに、ハーバード大、エール大、東大、ミシガン大、山梨文学館など全巻揃いの注文が。さらに写真、録音テープ、チラシ、パンフ、取材メモ、私家本などたまりにたまった資料の整理とアーカイブ化。ああその前に八月末の終刊イベント。ぜひ来てね。
◆群言堂の松場登美さんは「会いたい人にはきっと会える」とおっしゃる。それを実感した二十五年。じつはこのところも、だれかホームページの管理をしてくれないか、と悩んでいたら、本駒込の印刷所トライさんが引き継いでくれた。アーカイブ作りには林町の蔵に根城をかまえるＦＰＳ（映画保存協会）の石原香絵さんが「一緒にやりましょう」といってくれた。谷根千資料は漸次、蔵の二階に移る。「谷根千を映像で記録できたら」の念願は桜井均さんら映像ドキュメントの方々と出会い、町めぐりやインタビューをホームページでアップできることに。
◆長い間懸案であった結婚指輪。離婚のとき泣いて痩せてスポンと抜けて中指にはめ直し、立ち直ったらなぜか取れなくなった。この度めでたく裏門坂の消防署で切ってもらう。これでまた別の「会いたい人と会える」といいんだけど。（Ｍ）
◆夜中にセブンーイレブンにビール瓶を返しにいったら回収していないという。「うちに置いていくとゴミですよ」だって。ここだってもとは加藤酒店だったのに。そんなこと言うなよ。
◆なんでも好きだけど、サッポロ黒ラベルの瓶がとくに好き。根津のサワノ酒店ではサッポロの大瓶の一本売りを中止した。「大瓶は売れないんだよね」という。稼いでケース買いするしかないかぁ。
◆週一回の資源回収に一升瓶やビール瓶が交じる。なにやってんだよぉ。新聞のぶち抜き広告で、原っぱに打ち捨てられた缶と瓶が「新幹線の一部になれるのに」「運転手の制服に変身できるのに」と独白する。バカ言ってんじゃないよ。
◆新しい缶やペットボトルを大量に作って、リサイクルなんてアホらしいこと推奨しているヤツらの耳の穴に指突っ込んでぇ、奥歯ガタガタ言わせてやる。
◆さて、毒づくのも最後です。これで一巻の終わり！ となるはずが、実は終われませんでした。どうもきれいさっぱり出し切れない。残るんですね、わずかに。Kにはこの感覚がいまひとつわからないかも。残りの三人はあうんの呼吸で合点がいきました。
◆しかたがないので半月後に「九十三号続き」、いや「幻の九十四号」を発行します。これは、Oの命名で、中身はMの出血大サービス。ご期待ください。(Y)
◆四月、偶然中学時代の友人に会った。彼女とは部活動で一緒だったが、卒業して以来。夢を叶えて、教師になったそうだ。あの人はどうしてるの、とお互い知っている情報を交換した。小・中の同級生にはほとんど会わないが、今でも同じ町に住んでいて、時間差で同じ道を通っているのだなあ。
◆六月、また別の友人に会った。彼は、水族館劇場で舞台を担当しており、公演では二本の腕で三つの舞台を同時に回す。この町のいいとこ、わるいとこを訪ねたら「☆どこでも寝られる、公園とか。★彼女ができない」という。同感、独り者でも楽しい町かも。
◆インタビューの途中、「テレビや雑誌では下町とか、人情のある町って紹介される。塩とかお米の貸し借りくらいはするわよ。でも、本当に困ったときはだれも助けてくれない。自分の家を守っておしまいよ」という声もあった。そんなものだと思う。町は入れ物で、人間関係は個々に築かれる。
◆入社してから、広告取りは私の仕事。電話をかけ、「いつも通りにお願いね」と言われるとほっとする。古い号も、振り返ると面白い。二十年以上変わらぬおつきあい、いまはなきお店、著者自筆の広告、展覧会の案内、NTTのサービス案内（転送でんわやトリオホン）など、歴史的資料かも。
◆今回は「手書き広告」にもご注目。（K）

【其の九十四】　二〇〇九年八月二十日
これで終わります。ホントは無かった幻号
「気になる人々」

◆やっと最後の後記を書いている。九十三号は総ページ数一八四。通常版の四倍。このページ数では中綴じは無理という三盛社の殿内さんの忠告で二冊に分け、ホントはなかったはずの「幻の九十四号」ができてしまった。分厚い一冊にする方法もあったが、五百円の定価を変えたくない。すでに千人近くから前受けで代金をもらっているのだから。
◆でも世間は冷たいもので、作る興奮はなかなか伝わらない。「あらまだやってたの?」って、やってましたよ。「もうとっくに終わったと思った」はないでしょ。終刊といえど、バックナンバーはこれからも売っているんですから。
◆さて、よく遊びもしたが、じつによく働いた。樋口一葉は一日二十四時間のうち二十五時間、半井桃水を思う日があったらしい。私は、一日二十六時間「谷根千」に浸かった気がする。夜中に聴き続けた高田渡の歌う「私の青空」。
♪日が暮れてたどるはわが家の細道
　♪狭いながらも楽しいわが家
私がたどるのは夜明けで、掃除もままならない部屋だが、狭いながらも楽しいわが家。ほったらかしだった同居家族は、いつのまにかみんな社会人となった。一九八四年春、モリとオオギに出会って、私の人生深まった。同時に出会ったサトコが成長し、同僚として働き、ケンカできたのも儲けもの。バンザイ。（Y）

◆これが最後となったら書きたいことが多く出てきて、気になることすべて活字にしておくことにした。他日のための心覚えである。分厚いのをつくるか、二分割するかもめたあげく、こうなった。文責も遅れた理由も私にあり、その責任は制作費を拠出することで勘弁してもらった。というかそれはヤマサキの命令。「マユちゃん一人に無理はさせないからね」の一言につい。資料は混乱を極め、みんな頭の容量を超えた仕事量で爆発寸前、終刊前に崩壊するところであった。

◆おもえば二十六年前、ゼネコンや行政の環境破壊と戦い、雨と雪と戦い、消費税と戦い、個人情報保護法と戦い、事務所の鼠とゴキブリと戦ってきた。あれ、こんなこと、前にも書いたかな。これからは衰え行くわが体と脳と戦っていかなくてはならない。六月一杯、古い資料と取り組んで、やっぱりこれが一番すき、やりがいがある仕事だと確認した。谷根千がなくなったら虚脱してボケてしまうのではないか、恐れは十分にある。

◆人のはなしを聞くのはたのしい。「でも裏を取るのが難しくて」といったら、谷沢永一先生が「無理に採ろうとすると文章が硬くつまらなくなる。いいんですよ、歴史は噂なんだから」と励ましてくださった。たしかに事実も大事だが、その人の心に刻まれた真実を、私たちは大事にしてきたつもりなのだ。（M）

◆どうせなら百号まで出しちゃえば。やめたら、寂しくなって、またすぐ出したくなるわよ。そんな励ましの声を聞きつつ、九十三号の編集をした。ところが、ページがどんどん増えて、一冊では収まらない？　どうすんのよ。早く出して、事務所片付けなきゃ。

◆どうも、私たちはイベント好きみたいで、デスクワークは向いていない。月曜から金曜まで延々と読み合わせをしているにもかかわらず、終わりが見えない。目が見えなくなり、背中が痛くなり、頭痛がして吐き気までしてきた。こんなことで死んでたまるか。いやぁ、辛かった。あ、また言っちゃった。

◆リラックスしようと朝からショパンを弾いたり、お風呂にゆっくり浸かったり。

◆谷根千の事務所は、心理的プレッシャーのかかる場所なの。やっぱり限界だったのかな。ということで、これが本当に最後です。

◆ヤマサキは、「ヒロちゃん、毎日会わなくなるときっと私たちいい関係でいられるね」という。保育園も子どもが行かなくなると、一年に一度も前を通らない。ヤマサキさんとは本当に会わなくなるのだろうか。サトちゃんや、まゆちゃんとは必然的に会うだろうけど。私の谷根千二十五年の一番の驚きと収穫は、山崎範子という途方もなく大胆で力強い女性を知ったことかなあ。また会おう。（O）

◆サンドさんとMの対談、Oは持っていったテープレコーダーが動かず、すべて筆記で記録したらしい。すごい。

◆ちょっとした手伝いのつもりから、ついつい六年がたち、「谷根千」の最期を見ることになってしまった。

◆私は当初の初々しさがなくなり、毎日多少の遅刻をし、昼食はO、Yの弁当を半分ずつ奪う。仕事の合間に芸工展の活動をし、夏には一か月間学童保育のアルバイト、とやりたい放題。ごめんなさい。この場を借りて、謝ります。

◆でも、九十三号、Yさんの後記に正直がっかり。どうせ、二十五年間一緒にやってきた三人のあうんの呼吸は、私にはわかりませんよ~だ。だいたい会話の単語は「あれ」と「それ」だけで、理解するの大変だったんだから。もういいです。明日から来ません、さよなら（…あ、もう来なくていいのか）。

◆Yに笑われた。「あれはね、加齢による…」。そんな例え、ありなの？

◆読者、町の方々にもお世話になりました。みなさまのご健康を祈って乾杯！（K）

一号からおつき合いいただいている方、長い間ありがとう。

九十三号から読み始めた方、はじめまして。

ヤネセンを置いてくれたお店、広告を下さったお店、取材させていただいた方たち、お世話になりました。

最終号の版下をはり終えてホッとしています。

まだまだこの町にいますので、どうぞよろしく。

20周年を迎えた75号（2004年1月発行）の欄外カット。子どもは計10人で、6人が創刊後に生まれた。最年長のさとこが川原理子。

Yの巻　つるみよしこ

Oの巻　つるみよしこ

終刊号のはずだった93号（2009年8月発行）の「よしこは見ていた」。

「谷根千」終刊から
15年後の編集後記

2024年春

雑誌は終刊になってもまだまだ仕事は残る。

２００９年の夏で終刊。翌年、アメリカでのアジア学会に売りに行ったら、ハーバード大学やエール大学、ミシガン大学などがバックナンバーを一括購入してくれた。送料や、間に入る取り次ぎの利益を見込まなかったために、これは赤字だった。でも現在、世界中30の研究機関で「谷根千」は現物が保存活用されている。東京大学、東京芸術大学、早稲田大学、オクスフォード大学などにもあるし、国際日本文化研究センター、日本近代文学館、国立近代美術館、奈良文化財研究所などにも。

事務所の家賃が払えなくなったため、築１００年の蔵に引っ越して「谷根千記憶の蔵」と名付けた。アーカイブとは穴蔵の意味で、いわば人々の涙の壺である。そこを拠点にアーカイブ造りという全く収益の発生しない仕事に従事し、個人でも「三十年後の谷根千」を紀伊國屋書店の「スクリプタ」という雑誌に、一号ずつの取材先を再訪して今どうなっているか記録していったが、考えてみれば「スクリプタ」も季刊誌。この調子では26年を記録するのに、同じく26年かかることに気づいて断念した。

おかげさまで私は、「谷根千」の特集から『鷗外の坂』『一葉の四季』『千駄木の漱石』『子規の音』『円朝ざんまい』『青鞜の冒険』『長生きも芸のうち』『彰義隊異聞』などの本を完成させることが出来た。「谷根千」は「人々の涙の壺」であるだけでなく、アラジンの魔法のランプのようなものでもあった。人々の聞き書き、オーラルヒストリーに関する評価もよほど上がってきた。

２０２３年には「谷根千」通巻のデジタル化が完成、（株）ＥＡＳＴから販売され、これもさっそくアメリカ議会図書館が買ってくれた。そうなると気になるのは、誌面の間違いだ。時々、過去のバックナンバーを読むと、思わぬ誤字脱字、内容の間違いに気がついてドキッとする。でも今更直しようはない。「谷根千」は私たちにとって、「恥の上塗り」のようなものでもあるが、とにかく「記憶を記録に変えよう」と奮闘したわかき日の思い出でもある。

同じ２０２３年、私は『聞き書き関東大震災』をまとめた。考えてみれば関東大震災を経験した人々はほぼ死に絶え、これは私にしか出来ない仕事であった。快く当時の成果を利用させてくれた二人の仲間、「谷根千」の関東大震災に関わる記述を拾い出してくれた川原理子にも感謝する。

２００９年秋、山崎は「ケンカ仲間」からただの「親友」に、仰木ひろみは同僚から妹に、川原理子は娘にもどった。私の本の印税で当分、まだアーカイブづくりと資料の整理は行えそうである。ただし、いつまで事務所を維持できるかはわからない。何しろ風来坊のわれわれは、死ぬまで谷根千に住んでいるとも思えないからだ。（森まゆみ）

終刊から15年、創刊から40年、足掛け26年分の編集後記が人目に晒される。

「谷根千」は創刊号のみタイプ印刷、2号から最終の94号まで（ただ1冊、79号のみDTP）すべて版下を作った。版下貼りを担ったおかげで、どの記事が何号だったのか、おぼろげながら記憶している。これは問合せの対応にはとても便利だ。

創刊から30号までの7年半はモリが一人で編集後記を書いた。ずっと書くことを生業にしていたし、何よりほかの二人には任せられないのだった。この時期の編集後記は確かに読ませる。筋も通っている。31号から3人で書くようになり、一気に品がなくなった（気がする）。印刷所に入稿するまでの忙しさと緊張が沸点に達したころ、頭に浮かぶのは怒りと愉悦。怒っているか遊んでいるかばかりの日々にびっくりだ。

なぜ3人で後記を書くようになったのか。創刊して7年後にモリは谷根千創刊物語を『小さな雑誌で町づくり』（晶文社）として本にした（後に『谷根千の冒険』に改題、ちくま文庫）。書かれた方からすれば、同じものを見ていても違う感想があるわけで、自分の名前が頻繁に出てくる本に対しては、「まあ、それはそれ」と冷ややかな気持ちだが、この本のおかげで読者は広がり、特に同世代にも読まれるようになった。そして本が出たことでモリの気も済み、オオギと私の文章も上達したと思ったのだろう。3人の後記はMOY→OYM→YMOと順繰りに回して掲載した。最後の7年間はカワハラが加わり、彼女だけは定位置。25歳下の書く文章が新鮮だ。

古い読者にはわかりきったことだが、モリとオオギは姉妹、カワハラはモリの娘。15年前にもらった手紙のなかに、「ヤマサキさん、同族会社の中で長い間ご苦労さま」というのがあった。言われてみればなるほど。しかし仕事中、そのことに思いが至ることはまったくなかった。自分の幸福の時間はもちろん、すっかり大人になった子供たちに、町に育ててもらうという稀有な環境を与えられたことが誇らしい（と言うと子供はどんな顔をするだろう）。

私にとってモリの離婚は雑誌づくりの糧になった。夫の死は住まいや働き方に大きく影響し、自分の根が谷根千の町にないことを意識する端緒になった。その4年後のオオギの夫の死に、私は「谷根千」を終わらせたいという衝動を抑えられなくなった。

いま東京を引き払い、三重県松阪に暮らしている。一時滞在のようなこの町から、遠隔操作で在庫や資料庫の管理をしている。毎日が新鮮でのんきだ。

編集後記を書いていないスタッフ3人の紹介も。創刊に立ち会い、73号から最終号まで四コマ漫画「谷根千秘録―よしこは見ていた」を描いたつるみよしこ。7〜8号と「かおりのエプロンサイクリング」を描いた藤原馨。14号〜19号に「サトコのグルメストリート」を連載した峯吉智子。カワハラが居ついてくれる前の編集室には、たいがい頼れる4人目がいてくれた。（山﨑範子）

久しぶりに編集後記を読んだら、1歳にもならない長男を連れて、初めて編集会議に参加した時のことを思い出した。

保育園に子供二人を預けていた姉、森まゆみが同じ保育園仲間にタウン誌を作らないかと誘った。話にのった編集者の山﨑さん、保育園通信に4コマ漫画を描いていた鶴見さんと4人で会ったのが1984年の春だったか。夕飯の残りのてんぷらや一升瓶の日本酒もあって、これは編集会議なのかと驚いた。それがヤマサキさんや鶴見さんとの最初の出会いであり、長い谷根千工房の始まりだったのだ。

運よく新聞に記事が出て少しずつ知名度は上がったが、事務所となった狭い我が家の電話が鳴り続け、お客さんが訪ねてきても子供を昼寝させるところがなく困った。

薄い冊子を店に置いてもらうために知恵を絞り、夫に作ってもらった壁掛け式木製ポスト100個が壁にずらっと並び、売り物の地図を丸めて子供たちがチャンバラごっこ。出来上がった版下に筆ペンで落書きして慌てた。

明け方まで版下を貼って家に帰り、子供を保育園に送ると、その足で再び事務所で作業の続き。どれも懐かしい記憶。36年間臼蓋形成不全という足の不都合と闘い、坂の多い町をママチャリで配達したり取材したりでつらかったけど、なぜか痛みは思い出さない。どの号の後記も、遅刊になったのは肩こりや体の不調のためと言い訳しつつ、ちゃっかり海外旅行もしていた。一気に読むと、よっぽどお気楽に「谷根千」つくっていたんじゃあないかと誤解されそうだ。

今、私は千駄木の「旧安田楠雄邸庭園」の公開などを管理運営するマネージャーだ。近所の建築家とともに、初めて安田夫人と出会った2007年。「何とか残していただけないか」と言われ、大正期の住宅を後世に伝える橋渡しをしている。自分の生まれ育った町に、旧安田楠雄邸という宝物を残せたのはよかった。

（仰木ひろみ）

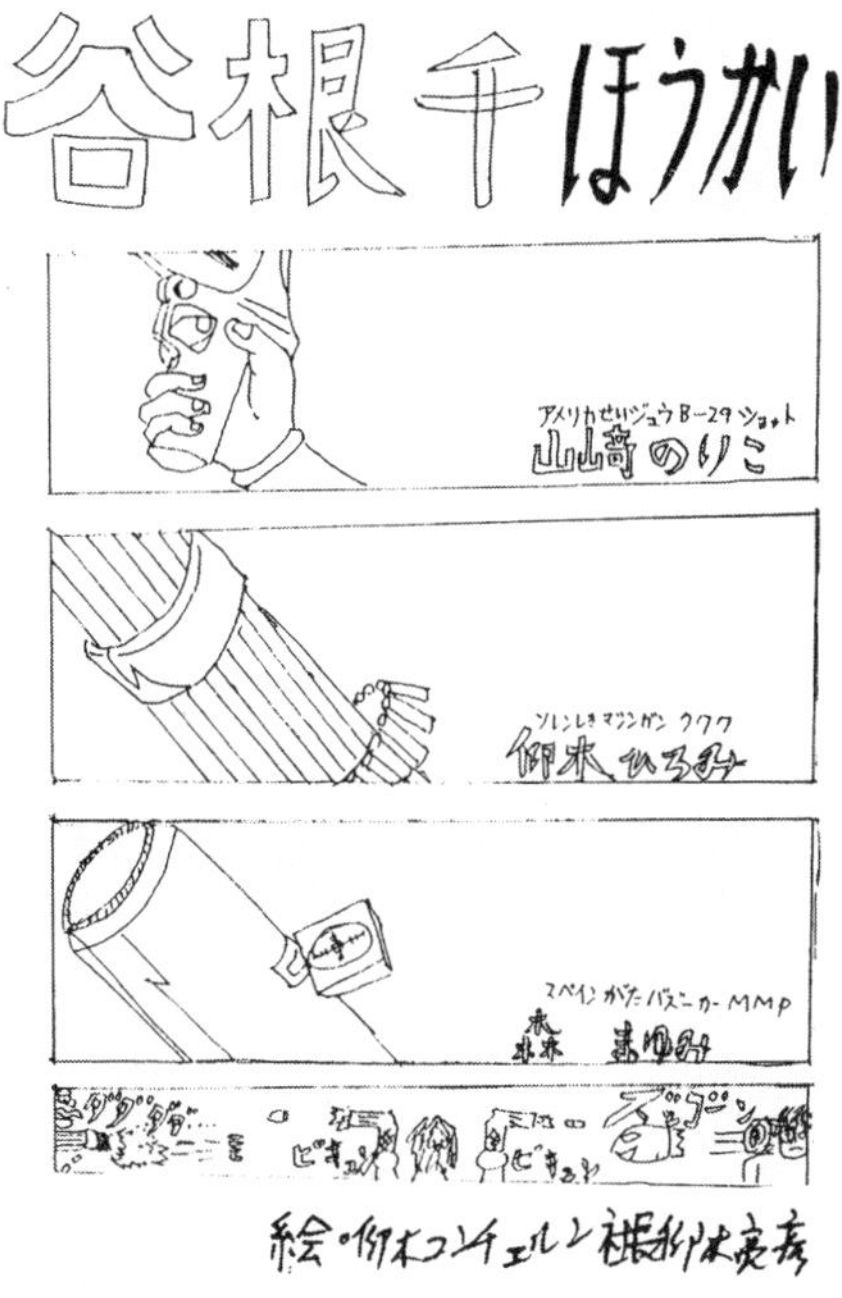

谷根千10周年の40号に載せたマンガ。
仰木の長男、亮彦（当時11歳）が描いた。

媒体づくりは楽し

NAGI 発行人 **吉川和之** × 谷根千元発行人 **山﨑範子**

東京の「谷中・根津・千駄木」(1984〜2009) と
三重の「NAGI」(2000〜2025〈予定〉)
エリアも時代も違うが、ともに地域の宝を掘り起こし
雨にも負けず、出版不況に挫けそうになりつつも
四半世紀にわたって発信し続けた両誌の発行人が
それぞれの来し方と、媒体づくりの魅力を語り合った。

三重県松阪市の御城番屋敷、山﨑邸にて。〈撮影＝森井一鷹〉

あなたたち、雑誌と子どもと同時生産なの

吉川（以下吉）「谷根千」創刊のきっかけは、保育園のママ友からでしたよね。

山﨑（以下山）私と森さんが同じ保育園に子どもを預けてた。仰木さんとは同じマンション。1984年の4月に森さんと知り合って、彼女が取り組んでた『谷中スケッチブック』という本の取材に連れてってもらったり、一緒にご飯食べたり。仰木さんは家で子育てしてました。

仰木さんによれば、姉妹はタウン誌を作るつもりで、誌名まで考えてたみたい。出版社勤めの経験がある私も、いつか雑誌を出したいなと思っていたから、3人の思惑が一致したの。

5月末に私と森さん、仰木さん、イラスト描きの鶴見さんと4人で会って、町の雑誌を作ろうってことに。9月に創刊号を出しました。

吉 その時、お子さんの数は。

山 森さんが2人で、私が1人、仰木さんも1人。

吉 じゃあ雑誌を作りながら、森さんはもう1人、山﨑さんは2人、仰木さんは3人生んだわけだ。

山 あなたたち、雑誌と子どもと同時生産なのって、呆れられてた。

暑い季節に、こんな雑誌出しますからって、趣意書を抱えてお店まわり。最初は、協賛方式でお店に買い上げてもらって無料配布するつもりだったんだけど、すぐに無理って挫折した。

だったら売ろうと100円の定価をつけて、広告無しで創刊号を1000部作ったら即完売。慌てて増刷しました。儲けなんて出ないけど、買ってもらえたのが嬉しかった。見本ができたので、2号からは広告が取れました。

吉 谷根千のエリアは、どうやって絞り込まれたのですか。

山 最初は本郷がやりたくて、「谷中・根津・本郷」

にしようと思ったの。東大はあるし、出版社や古書店も多い。漱石や鷗外も住んでた文化の宝庫だから。でも私たちには広すぎるし、本郷の名を付けたタウン誌がすでにありました。それに、当時はみんな千駄木に住んでいたので「谷中・根津・千駄木」に。

吉 雑誌名で三つの町を括ったことで、後に谷根千（地域）が一般名称化したわけですね。

山 私たちの雑誌が先だったのに、元から谷根千ありきと勘違いしてる人も多いけどね。

格好よく言えば「時代に背中を押された」

吉 媒体を作りたかったのは、自分たちのメッセージを伝えたかったから？　それとも、地域の歴史や文化を掘り起こすため？

山 取材で訊かれるたびに、微妙に答えが違うんだけど、「開発にさらされて変容していく町を、今のうちにできるだけ記録しておこう、古老が健在なうちに昔話も書き残しておこう」が公式な答えかな。初めは、子ども連れで歩いて楽しめる、お出かけ情報的なものを考えていたんだけどね。

もう一つは、当時はパート仕事をやっていて、あてにされないし時給は安いしで鬱屈してて。子どもが熱出すとすぐ、迎えに来なさいと保育園から電話が入るから、仕事も中途半端。もう人に使われるのはイヤ、自分でやりたいって。

「ＮＡＧＩ」はどんな経緯で始めたの？　創刊が２０００年代ってのは、すごく無謀に思えるんだけど。私たちの「谷根千」も部数が減りはじめた頃だから。吉川さんは、雑誌「伊勢志摩」のスタッフだったんですよね。

吉 伊勢志摩編集室に7年半いて、辞めたんです。男は社長と私だけだから営業が必然で、企画や編集はやらせてもらえない。このまま居続けてもダメだなと、自主リストラを宣言しました。

山　営業と編集は両立できないの？

吉　隔月刊で、制作する広告も多かったから無理ですね。私は印刷会社のコピーライター出身で、営業や制作に慣れてましたから。

山　元々コピーライターを志していたんですか？

吉　たまたまです。地元の印刷会社の募集職種にコピーライターがあったので、ここでいいかと。

山　東京や大阪に出てみようって気は。

吉　まったくありませんでしたね。

山　それは、伊勢が好きだから？

吉　いいえ。単に親元に居れば、給料を全部バイクや車に使えると思ったから。都会じゃ、大学出たてに車なんて買えないでしょ。

山　それはそうよね。

吉　前の会社を辞めたのが1996年。3年くらいフリー編集者をやってて、99年にカメラマンと共著で熊野古道写真集『くまのみち』を自費出版したんです。熊野古道はその5年後に世界遺産になったので、出版当時は機運が高く、類書がなかったから、刷った2500部がほぼ売れて、100万円以上の利益を手にしました。

このまま売り上げに埋もれさせるか、それとも趣味のバイクに注ぎ込むか。出した答えが、「媒体をつくる」でした。

山　自分で雑誌を作ろうって気はあったんだ。

吉　そんな気はなかったんです。

熊野古道には、昔ながらの峠道があれば、国道など舗装路となった区間もある。舗装路と峠道を交互に歩いていると、路傍に自動販売機のある近代文明をありがたいと思う反面、自動車に轢かれる心配のない自然道が恋しくなったり。便利さを求めるあまりに、無くしてしまった大切なものが何となく見えてきた気がして。

時は世紀末。大量生産、大量消費、大量廃棄の反省として「スロー」なるキーワードが聞かれるようになっていました。よしっ、人を切り口に、有機的な情報を発信しよう。『くまのみち』販売のためにでっちあげた月兎舎《げっとしゃ》の屋号も使えるしと。
格好よく言えば、「時代に背中を押された」わけです。

山　この時は、吉川さんもお子さんがいたの？

吉　いましたよ。私も坂（編集長）も2人。伊勢志摩編集室時代の後輩だった彼女は、2人目の出産を機に退職してたので、一緒にやらないかと誘ったら来てくれた。

NTTタウン誌大賞を2度もらいました

吉　うちはNAGIと単行本の出版のみで、サイドビジネスはしてきませんでしたが、谷根千は？

山　最初の頃、私と森さんはパートで他社の校正や編集の手伝いをしてました。おもしろかった。3人が交代で居酒屋のバイトをやったり。

吉　谷根千だけで食べていくことは考えていな

賞をもらって賞金をいただくと、印刷所の支払いに充ててたの。

かった？

山　初めはね。でも1年経った頃には考えるようになりました。

出してみたら思いのほか反響がよかったし、2年目にNTTタウン誌大賞（第1回）をもらうとマスコミがいっぱい取り上げてくれた。知名度が一気に上がって、取材や広告営業がやりやすくなったし、定期購読者が急増して、収入は谷根千が主体になりました。

タウン誌大賞は2回もらって、あと2回、フェスティバル特別賞と特別顕彰というのも。ほかにサントリー地域文化賞、山本有三記念地域文化賞なんていうのもいただきました。

吉　それはすごい。NAGIは何ももらったことがない（泣）。

山　賞金をいただくと、印刷所への借金が返済できる（笑）。

吉　谷根千のほうが発行部数は断然多いけど、売価は安いし、常駐3人だし、東京だと家賃も高いから、経営は楽じゃなかったでしょ。

山　それでもちゃんと家賃払って維持できていましたよ。3号しか出なかった年は、経済的理由じゃなくて、誰かの出産と重なったりしたから。

10年くらい経った頃かな、森さんは本の印税が入るし、他の収入もあるので、給料はなしに。私と仰木さんも、取材や執筆、編集作業はタダ働きでね。事務所の維持や経理、配達など実務の対価として給料をもらっていた。

夜のお仕事、版下作業が好きだった

吉　はじめの何年間かは、特集から編集後記まで、ほぼ森さんが一人で書いてますよね。

山　取材にはみんなで行っても、アンカーとして書くのは森さん。特集以外の原稿も、彼女はどんどん書いちゃうので、私たちの入る隙間がない。

私も仰木さんも、最初は書くのが苦手だったの。「あんたたちが原稿を持ってこないから載せられないんだよ」って。プロとして、二人を鍛えてやろうと思っていたんでしょう。

途中からは、私や仰木さんも特集を担当したり、編集後記も3等分して書くようになりました。

吉　3人の役割分担は。

山　最初は奥付に編集人が森、発行人が山﨑、事務局が仰木って書いたけれど、後半は3人で編集発行人を名乗りました。校正や版下作業（アナログ製版用の台紙作り）、配達も3人で手分けしていたけれど、だんだん森さんは書く仕事が忙しくなって、販売や配達からは抜けました。

3人が平等にって固執したのは森さんだけど、子どもや夫に使う時間帯がそれぞれ違うし、同じようにやるのが必ずしもいいわけじゃないと考え方が変わって。町の活動も、やりたい人がやればいい、他の人はそれを応援しようって。

版下作業はみんなで。途中からページ単位で写植が出るようになったけど、初めは文字だけが長い巻物のように出されたので、それを切って3段に貼っていたんです。

吉　文字訂正なんかが大変でしょう。ＮＡＧＩは最初からＤＴＰ（パソコンによるデータ作成）だったからやってこられたけど。

山　終わった号の版下をフォントや級数ごとに分けて取っといてね、それを使うの。私あの作業が好きだった。子どもたちが寝てからでないとできない〝切った貼った〟の夜のお仕事。

凪《なぎ》ってタイトルは、わかりにくい

山　最初の頃は牧歌的でね。暗渠になったへび道を歩く特集（3号）は、3人で1軒ずつピンポーンて押して、いつからお住まいですかって聞くとから始めてた。アポを取らずに毎日毎日。あれが私たちの取材の基本になりました。

吉　刑事の聞き込みさながらですね。

山　まだ保育所に入ってなかった仰木さんの子を、3人が交代でおんぶして町を歩いていた。最初の1年は仰木さん家《ち》が編集室だったの。

吉　人の子にも授乳してたとか。

山　ありましたね。仰木さんの二人目と森さんの三人目が同じ時期に生まれたので、留守番の仰木さんが、森さんの宙君にも母乳を飲ませてた。

吉　谷根千は地域名だし、マスコミにもたびたび登場して取材はやりやすかったと思いますが、NAGIは地名じゃないから、10年経っても20年経っても、なかなか認知されなくて。

山　NAGIって名から三重県は想像しにくいよね。なんで凪にしたの。

吉　三重にすると行政ぽいし。伊勢湾と熊野灘に面してるから、釣り師や漁師さんが使う、海が穏やかな状態の「凪」がいいかなと。読んでくつろいでもらうと同時に、「人生に波風を立てよう」と呼びかける逆説的な意味も込めて。

山　カッコ良すぎてわかりにくいかも。副タイトルにでも三重をつければよかったのに。

吉　途中から副タイトルを「ふるさとを刺激する大人のローカル誌」から、「三重を刺激する」に変えたんですが、最初からそうすればよかったかな。

谷根千とNAGI、似てるところと違うところ

山　NAGI96号の「100号で終わります」を読んで、泣きそうになりました。同じこと考えてんだなーと思って。

吉　谷根千とNAGIが似てるところは、判型や装丁、発刊サイクルを変えずに四半世紀続いて、谷根千は94号、うちは100号（予定）とほぼ同じ。95号を出した時は、谷根千を追い越したとほくそ笑みました。

20周年の時、なんで続いてるんですかと質問されて、低空飛行だから墜落しなかったたって答えたんですけど、森さんも同じこと書いてます。

山　特集以外の記事も全部面白いってのも似てると思う。自分たちで配本してたってのも。

吉　ある時から、森さんと山﨑さんが衝突しだしますよね。

山　5年くらい経ってからかな。それから10年間くらい。

背後霊になるのね。お互いを気にしすぎるっていうか、夢にも出てくるし、常に責められてる気がして。自分だけだと思ったら、森さんもそうだったって。出産して、乳飲子を育ててる時は、そんなふうになりがち。子育てに追われて、自分が戦力になれていないと思ったり。子どもは可愛いんだけど、子どものせいで仕事が思う存分できないことにイライラする。

吉　子育てを妻任せにしてた私も、そういうことに気づいてやれなかった。自分は夜も土日も仕事してんのに、相方の坂はいつも定時で帰るってイラついてましたから。それぞれ3人、3人、4人の子どもを生み育てながらやってきた谷根千は、すごいなと思います。

それぞれのスタンスが違うから続けてこられた

吉　そろそろ、やめ時かなって思い始めたのは。

山　70号くらいかな。夫が亡くなって。経済的なことより、精神的にね。

吉　その頃お子さんは。

や　中学生と高校生と大学生。

吉　それは大変だ。

山　すぐに家賃が半分の住まいに引っ越して、私は土日、区立の図書館で働いて、スナックでバイトもしました。でも収入が少ないので、子どもたちがみんな公立の学校だったから、学費が免除さ

凪ってタイトルは、わかりにくい。
副題に「三重」をつけたらよかったのに。
NAGI95号を出したときは
谷根千を追い越したとほくそ笑みました。

よしかわ・かずゆき　月兎舎代表、NAGI発行人。1961年、三重県伊勢市生まれ。大学卒業後、印刷会社のコピーライター、伊勢志摩編集室を経て96年に独立し、フリー編集者に。99年、森武史氏と共著で『くまのみち』を自費出版。2000年にNAGIを創刊し、25年に通巻100号で終刊予定。

れたんです。自転車通学だったし。上の子はイタリア料理店でバイトして、料理も作ってくれたりね。まあ、なんとかなりました。

やめるのが決定的になったのは、部数の低迷もあったけど、私には仰木さんのご主人が亡くなったのも大きい。

吉　終刊の2年前、86号で告知された。

山　決めてからは気持ちがスッキリして、また雑誌づくりが楽しくなりました。

創刊した時も、どこまでやるって目標はなかったんです。有限会社にしてからも、請求書や領収書は印刷せずに市販のを使って、ハンコ押しは子どもにやらせてたから。1冊10円のアルバイトで。

40号くらいからは1年更新。お正月に3人で新年会やって、今年はやるかやらないか。やるならどんな特集を、と話し合ってね。で、この1年は4冊出すって意思統一してました。

ＮＡＧＩの終刊を決めたのはなぜ？

吉　後継者を育てられなかったから。20周年の頃、7人入れ替わった3人目の舎員が辞めて、もう新人を採るのはやめようと。

坂と二人であと何年やれるか相談して、キリのいい25年１００号をゴールに決めました。書店の数が半分に減ったことを考えると、後継者がいなくてよかったのかなとも思います。

谷根千時代を振り返って、特に印象深い出来事は。森さんが編集後記に書いてるけど、山﨑さんが商店主に「仕事でやってんの、趣味でやってんの」と訊かれて、「趣味です」って答えたのに呆れた話。

山　森さんは最初からプロ意識が強かったから。こっちは遊び半分ってのが最後まで抜けなかった。

吉　森さんにとっては文章を書いて残すことが絶対だったけど、山﨑さんは市民運動とか映画上映会とかを含めた中の一つが谷根千だった。

ほかの活動のせいで発刊が遅れた時、「そういう活動ができないなら、谷根千やってる意味がない」

なんて開き直ってますからね。
それぞれのスタンスが違うからこそ続いたのかも。それに、いつもニュートラルな仰木さん。森さん、あるいは山﨑さんみたいな人ばかりだったら、ギスギスして早々に破綻してたのでは。

山　そうかもしれない。

吉　私と坂の関係もそう。私が細かくて、坂が大らかな性格だから、外部スタッフがついてきてくれたんだと思います。

山　男女はうまく行くんですか。

吉　男女の関係にならなければ（笑）。

育児も介護も忙しいほうがやれる

吉　編集後記を読んでいると、前半は子育て、後半は親の介護。普通の人なら投げ出したくなりそうですが。

山　私は忙しいほうができるのよね。介護は、仕事してるほうがいい。仕事を言い訳にできるから。介護してるからってのも仕事の言い訳になるし。育児もおんなじ。
やってもやっても収入が増えなかったのも、よかったのかもね。残業した分だけ給料が増えると打算的になっちゃうけど、こっちは好きでやってるんだから。

吉　月兎舎は3人目の舎員を育てようとしたんですが、叶いませんでした。谷根千は？

山　うちも何人か、やりたいって来てくれたけど、結局続かなかった。

吉　個性的な媒体は、立ち上げた人が幕を下ろすしかないんでしょうね。
谷根千とNAGIの違いは地域との関わり方。うちは、地域と一緒に運動するとか、行政に対して声もあげていない。谷根千は地上げ反対なんかを特集してましたから。

山　血が騒ぐのよ。あの時は、3人ともこれしかないと夢中で取材した。郵便受けにケチャップ撒かれたり、脅迫状まがいが送りつけられたりすると、さらに熱くなる。

吉　そんなことあったんですか。ご主人に、やめとけよとか言われませんでした？

山　3人とも夫が干渉しないでくれて助かった。

吉　出稿前は版下貼りで夜遅かったし、よくご主人が理解してくれましたね。

山　家で夕飯食べて、子どもを寝かせてから出ていくわけだから。そおーっと。遊びに行く時もね。朝、家に帰って、子どもを学校へ送り出して、また仕事場へ。一段落すると映画館に行ったり。

吉　忙しい、忙しいと言いながら君は映画を見てる、というご主人の呟きが、編集後記にありましたね。

血が騒ぐっていうか暴力的なものが好きなの

吉　谷根千94号のうちのお気に入りは。

山　私が力を入れた特集号かな。落語特集や映画特集。サトウハチローもね。別の特集やるつもりで進めていたんだけど、文京区が記念館を作る計画を反故にしたというんで急遽変更して、関係者に話を聞きまくりました。

吉　谷根千は歴史物の特集が多いですよね。うちはたまにしかやらない。そういうのを出した後は、年号や名前が違ってるというツッコミがくるのが怖いから。

山　私たちが怖いのは、特定の人に話を聞いたら、別の人からそれは違うって怒られたりすること。記事は霧散しないので、後追いで話を聞くのが大変。苦情は多かったですよ。

吉　言い訳もよく載ってましたね。

や　言い訳ばっかりしてるの。吉川さんのＮＡＧＩのお気に入りは。

吉　松浦武四郎を特集した47号かな。あれがきっかけで北海道へ行くようになったし、札幌の同業、舘浦あざらしと仲良くなった。北海道を一人バイクで走ってる時、ここで事故でも起こしたら雑誌が出ないかもな、という緊張感も含めて。

山　地域誌を作ってて、関わりのある他所へ行くの楽しいよね。じつは私も三重に来てるの。江戸川乱歩の特集で仰木さんと。

吉　森さんも田山花袋の関係でこられてますよね。

山　森さんは、ほとんど全国へ行ってるけど、私と仰木さんは出ることが少なかったから、楽しい旅でした。仰木さんは紀行文が得意で、森さんは学術的で歴史的、文学的なのが好きみたい。私は暴力的なのがね（笑）。

吉　山﨑さん、編集後記でもたまに荒れますから。殺したい、とか。

山　最後まで版下貼ってるからね。カッター持って。

吉　これから、雑誌を含めた媒体をやりたい人へのメッセージがあれば。

山　雑誌を作るのは楽しいに違いないので、ぜひトライして欲しい。同じ意思をもった人と作るのは面白いし、それを批判する人がいるのも。

吉　ラストに山﨑さんが登場する、南陀楼綾繁《なんだろうあやしげ》さんの『編む人』を読んでて、印刷会社時代に社内報を創刊したことを思い出しました。成り行きまかせの人生ですが、あの本に出てくる方たちみたいに、自分にも編集者気質《かたぎ》があったんだと。

山　なるほどね。私たちも谷根千の前に、保育園で「父母の会通信」とか作ってた。ノコギリ屋根のりぼん工場から受け継いだ資料があるので、これから「のこぎり屋根通信」でもやろうかな。

吉　面倒臭いけど媒体作りは楽しいですよね。NAGI創刊号のキャッチコピー「そろそろ人生に波風立てませんか」は、今にして思えば自分へのメッセージでした。

（終わり）

あとがき

はじまりは編集後記

私は三重県伊勢市で「月兎舎《げっとしゃ》」という小さな出版舎（個人）を営んでおり、2000年夏に創刊したローカル季刊誌ＮＡＧＩ（現在97号）や単行本を発行しています。

伊勢の出版舎がなぜ、15年も前に終刊した東京の地域誌「谷中・根津・千駄木」の編集後記集を、と思われるでしょうね。

きっかけは、ＮＡＧＩ86号（2021年秋）の編集後記に書いた、こんな文章。

――オンギャー、オギャー。離れた部屋から赤ちゃんの泣き声が漏れてくる。ここは月兎舎。なのになぜかと言うと、販売を担当する長男の嫁が第二子の産休を終え、子連れ出勤しているのだ。別室なので、泣き声を気にしたり喫煙を我慢することもなく、いつも通り働いているが、未来を託す孫が近くにいると思うと少しは気が引き締まる。

東京の下町をエリアとする『谷中・根津・千駄木（やねせん）』という地域文化誌があった（1984～2009）。創刊当初、今や作家として知られる森まゆみさんら3人の女性はみな出産直後。交代で取材や子守をしたそう。赤ちゃんをおぶっていたおかげで広告を出してもらえたこともあったらしい。地域発信に意気込む健気な母親たちに、周囲も好感を抱いたのだろう。

赤ちゃんのいる編集室で谷根千を思い出し、ネットで在庫を頼んだ。――

これを見た松阪の読者から、「谷根千を全号持っているので、よかったら差し上げます」とのメールをいただき、日を置かずに全94冊が届けられたのです。

とりあえず編集後記だけ通して読むと、これがとっても面白い。子どもを生み育てながら、地域雑誌の取材・編集・営業に奔走する女性たちの姿がありありと浮かんできます。小説や回想録と違った、編集後記ならではのリアルに満ちて。

少子化や働き方改革と言われる現在からは考えられないバイタリティと、地域と編集者の濃密な関係が伝わってきて、こんな時代があったんだなとしみじみ感じると同時に、地域誌黄金時代の記念碑として多くの人に読んでもらいたいなと思いました。

話は少し戻りますが、谷根千のバックナンバーを注文した時、対応いただいたのが山﨑範子さん。三重のローカル誌に興味を持たれたのか、ＮＡＧＩを数冊注文してもらった上、定期購読まで申し込んでくれました。

そのころ山﨑さんは、大正大学が発行する「地域人」の編集をされており、森さんも寄稿されていました。「地域人」でＮＡＧＩや小舎の単行本をご紹介いただき、最終号となった映画館特集では、私が岐阜と伊勢の映画館取材を担当させてもらいました。

仕事に区切りをつけた山﨑さんは、なんと伊勢に近い（特急1駅・車で40分）松阪へ移住されることに。「地域人」の取材で当地を訪れた際、たまたま立ち寄った松坂城跡に隣接する御城番屋敷が気に入り、2年間だけ住むことにしたそう。

伊勢のミニシアターへたびたび映画を観にくる山﨑さんを月兎舎に招いたとき、「谷根千の編集後記を1冊にまとめたらどうですか」と軽い気持ちで言うと、「じゃあ吉川さん出してよ」。いろんな出版社と関わりのある森まゆみさんから、どこかの社に働きかけたら実現の可能性があるのではと思って提案したのですが、「時代もエリアも違う同業から出るのも面白いんじゃない」と。

ＮＡＧＩは25周年、通巻１００号で終刊を宣言しており、記念に四半世紀の来し方でも書こうかなと思っていたのですが、偉大な先輩誌の編集後記をまとめるのも意義あることかもと腹を括ったわけです。「谷根千」はデジタルデータではなく、最後まで写植だったので、94冊分の後記を長男の嫁（吉川祐美子）がパソコン入力しました。

ＮＡＧＩの編集後記が『谷根千の編集後記』を生んだわけで、なくてもいい後記とはいえ、おろそかにはできないなと思った次第です。雑誌のコアなファンって、先にここから読んだりしますからね。

仰木さんが谷根千最終号の編集後記に、「私の谷根千二十五年の一番の驚きと収穫は、山﨑範子という途方もなく大胆で力強い女性を知ったことかなあ」と書いておられますが、その通りの人でした。

（本書発行人）

仰木ひろみ *Ohgi Hiromi*

1956年生まれ。都指定名勝旧安田楠雄邸庭園(1900年近代和風建築)プロパティマネージャー。上野旧奏楽堂のパイプオルガンの保存運動を始め、地域の古い建物の調査、保存活用の相談などを行う。オルガニスト。童謡を歌う「歌カフェ」主催。東京都文京区在住。

森まゆみ *Mori Mayumi*

1954年生まれ。作家、市民活動家。『谷根千』に関係する著作、『谷中スケッチブック』『不思議の町根津』『谷根千の冒険』『鷗外の坂』『子規の音』『彰義隊遺聞』『「青鞜」の冒険』『暗い時代の人々』『聞き書き・関東大震災』ほか、評伝、旅の本など多数。東京都文京区在住。

川原理子 *Kawahara Satoko*

1981年生まれ。学童保育のアルバイトをしながら『谷根千』最後の6年を見届ける。子供のころから銭湯や温泉が好きで、谷根千の上毛特集をきっかけに、川原湯温泉はじめ群馬の温泉に行くように。八ッ場ダム問題を伝えるNGO「八ッ場あしたの会」にも参加。千葉県市川市在住。

山﨑範子 *Yamasaki Noriko*

1957年生まれ。フリー編集者。21歳の時に埼玉県川口市から文京区千駄木に越して、森、仰木と出会う。文化・記録映画の上映会「D坂シネマ」をときおり開催。スナックでのアルバイトなど編集以外の仕事も経験。現在、三重県松阪市の築160年の長屋に短期滞在中。

谷根千の編集後記

二〇二四年六月一日発行

著者 森まゆみ 山﨑範子
仰木ひろみ 川原理子

発行者 吉川和之
発行所 月兎舎
〒五一六―〇〇〇二 三重県伊勢市馬瀬町六三八―三
電話 〇五九六―三五―〇五五六
https://www.i-nagi.com

印刷所 株式会社シナノ

ISBN978-4-907208-26-4-C0095

其の六十六

其の六十一

其の五十六

マッチラベルに残る町。
其の五十

其の七十二

其の六十七

其の六十二

其の五十七

其の五十二

煉瓦の記憶

今夜はスキヤキ
其の六十八

其の六十三

なにを食べようかなあ
其の五十八

其の五十三

其の七十四

其の六十九

其の六十四

其の五十九

其の五十四

其の七十五

其の七十号

六阿弥陀
六地蔵
其の六十五

十五年目の町
其の六十

其の五十五